L'ÉQUILIBRE DES CORPS

Du même auteur

Paris la nuit
La Tengo, 2010

Balancé dans les cordes
La Tengo, 2012
(Prix SNCF du polar 2013)

Du vide plein les yeux
La Tengo, 2012

Le Dernier Tigre rouge
10/18, 2014
(Prix Historia du roman policier historique 2014)

Les Âmes sous les néons
La Tengo, 2021

JÉRÉMIE GUEZ

L'ÉQUILIBRE DES CORPS

roman

ÉDITIONS DU SEUIL
*57, rue Gaston-Tessier, Paris XIXe*

ISBN 978-2-02-155845-6

www.seuil.com

Les coups le réveillèrent, brusquement.

Laura s'était collée à lui sans qu'il s'en rende compte et le petit être en elle avait bougé. Si la mère dormait toujours, la décharge s'était propagée le long des vertèbres de son géniteur. Ciro ouvrit les yeux, soulagé de constater que ce n'était que ça. Il ne réussit pourtant pas à se rendormir, soudain angoissé à l'idée de devenir père, responsable devant l'éternité de quelqu'un d'autre que lui.

Comme chaque fois qu'il était frappé d'insomnie, ses pensées le ramenaient à son enfance.

On ne guérissait jamais d'une blessure. Il l'avait appris jeune mais pas assez tôt pour éviter de glisser, souillé au point de vouloir se venger de tout et de tous. Marqué au fer, après tant d'autres, de cette trace primitive qui poussait les hommes à la violence, à rejoindre cette fraternité absurde de perdants emportés par le tumulte, reproduisant à l'infini les tourments infligés, convertis de force à la religion du ressentiment au nom de laquelle ils sacrifiaient aveuglément leurs destins.

Tout était fondé sur la répétition, mais il avait réussi à briser le cercle. Par chance. Cela ne l'empêchait pas de ressasser son parcours, d'y traquer la grâce, au point de convoquer tous les détails jusqu'à les apprendre par cœur et se répéter leur manifestation du début à la fin. Leur persistance dans sa mémoire était pour lui la trace du vrai. Un agencement aussi simple ne pouvait qu'être la manifestation de l'évidence, idiote. C'était peut-être la seule chose qui le rassurait la nuit, lorsqu'il posait sa tête sur l'oreiller et espérait l'inconscience. La seule chose qui l'empêchait d'être aspiré quelques décennies en arrière. Jusqu'à ce qu'une fille qui n'était pas encore la sienne vienne fracasser les remparts derrière lesquels il avait enterré l'enfant qu'il n'avait jamais eu la chance d'être.

1973

L'homme l'a trouvé sur le chantier. Dans une pièce exposée au vent, allongé sous un escalier, sur un vieux carton imbibé de flotte à force de traîner par terre. Depuis deux jours, c'est l'endroit qu'il a choisi. Il attend que les ouvriers quittent les lieux pour aller dormir. Cette fois il en est resté un – quand il a ouvert les yeux, l'homme était accroupi près de sa caisse à outils. Un type au visage creusé et aux muscles noueux. C'est de sa faute. Il pleut fort et il a voulu aller s'abriter. S'il avait été patient, tout ça ne serait jamais arrivé.

L'enfant passe la main sous son pull, pour chercher l'arme coincée dans sa ceinture – un bout de tournevis fixé sur un manche fait de gros Scotch.

Il veut expliquer qu'il n'est pas un voleur mais ne connaît pas la langue. Il le fait quand même dans la sienne, sans jamais lâcher les yeux de l'homme qui le fixent sans ciller. Il veut qu'il comprenne. C'est sa meilleure chance de s'en sortir. Ça ne sert à rien de lui faire peur. Ça ne prendra pas. Il n'a aucune chance. Même avec sa lame, il n'est pas sûr d'en venir à bout, alors il la garde à portée de main, pensant que l'effet de surprise viendra gonfler ses chances.

Il croit voir un sourire derrière la moustache. L'homme a compris. Il lui répond, même. Dans sa langue. Comment est-ce possible ?

Maintenant ils sont dans une petite voiture. Marcelo conduit. C'est comme ça qu'il lui a dit qu'il s'appelait. Ciro est sur le siège passager. Ils connaissent leurs prénoms désormais. C'est à peu près tout ce qu'ils savent l'un de l'autre et pas sûr qu'ils ont envie de plus. Ça suffit pour ne plus être des étrangers. L'homme finit par lui demander son âge. Douze, treize ans ? Ciro acquiesce rapidement, mauvais menteur, plutôt que d'avouer qu'il ne le connaît même pas. Sa paume caresse le chatterton collé contre sa hanche au gré des cahots, prêt à enfoncer la pointe d'acier dans toute la chair qu'elle trouvera sur son passage si le vieux se met à sortir son sexe de son pantalon. Il a peur de s'endormir. La lutte utilise le peu qu'il lui reste. Il sombre.

Marcelo pousse la porte de la maison et laisse le gamin planté près de son sac d'outils, à un pas du palier.

L'enfant se sait sale. Ses vêtements sont souillés et il ne veut pas entrer dans la maison parce qu'il ne pourra plus cacher l'odeur. De là où il est, il voit la lumière et la petite fille qui court pour se jeter dans les jambes de son père. Il ne comprend pas trop ce qui lui arrive. Il s'est endormi dans la voiture et a ouvert les yeux quand elle s'est arrêtée, sa tête calée contre un bras durci par le sale travail – les habits limés par l'usure en guise d'oreiller. Une voix de femme lui parvient du dedans, mauvaise :

– Où t'étais ?

L'enfant reconnaît sa langue et comprend qu'il va être la cause d'une dispute. Il sait déjà pourquoi elle crie, et ressent de la honte. La femme veut faire comprendre à son mari qu'elle ne le croira pas – il peut refuser de répondre, lui mentir ou bien même la battre, ça ne changera rien. Là où il a grandi, les hommes ont l'habitude de frapper les femmes, quand ils ne font pas pire, et il pense que c'est ce qui va arriver maintenant.

Le gamin voit pourtant Marcelo se retourner, comme pour le chercher, avant de se rendre compte qu'il est resté dehors. Les rides tracées au burin sur son visage se resserrent et l'enfant comprend qu'il doit le suivre à l'intérieur. Il serre fort ses jambes l'une contre l'autre, espérant que ça suffira à masquer l'odeur, et s'avance.

Il entre.

Des cheveux collés par la graisse, un visage noir de crasse – petit gamin pouilleux, aux yeux injectés de sang. Il voit la fille, son pyjama ridicule. Elle rougit, surprise dans son intimité d'enfant, s'enfuit pour chercher cette fois les jupes de sa mère. Puis plus rien. C'est long. L'envie de s'enfuir face à celle de ne pas dormir dehors une fois de plus. Alors il reste planté là. Marcelo s'accroupit près du gamin et lui dit, en napolitain :

– Tu vas aller te laver. Ensuite tu pourras manger.

Marcelo se redresse. Revenu à sa taille adulte, il s'adresse aux femmes de sa maison :

– Il va dormir ici ce soir. Chiara, emmène-le à la salle de bains et donne-lui des vêtements pour dormir.

Puis à nouveau, à l'intention du gamin :

– Suis-la.

Maintenant, il sait qui elle est. Chiara.

Chiara monte l'escalier en courant, sans même le regarder. Il lui fait peur et elle ne veut pas le montrer – il peut sentir ça. Lui-même fonctionnait de cette manière avec les plus grands du *Secondigliano* – il avait vu un gosse de son âge se faire crever un œil parce qu'il ne regardait pas en face l'adolescent pour le compte duquel il allait travailler et qui l'accusait d'avoir gardé le larcin d'un cambriolage.

Chiara l'attend en haut des marches. Elle lui rappelle les statues terrifiantes des églises dans lesquelles il se rendait pour voler, celles faites pour inspirer la peur du désir. En montant, ses semelles mouillées laissent des auréoles sur le bois ciré ; aussi il accélère le pas de peur que la femme le remarque et le mette à la porte.

La main crispée sur la rampe, il arrive au niveau de la petite fille, reine de la très modeste demeure qu'elle occupe avec ses parents. Il demeure figé et se laisse détailler par Chiara. Au garde-à-vous. Il a le temps de remarquer qu'elle est plus grande que lui. Elle aussi semble avec plaisir faire le même constat.

– Viens !

Il obéit et suit Chiara jusqu'à la salle de bains. Dans l'étroite pièce, les odeurs de cuisine sont parties et ne masquent plus la sienne. Chiara grimace en réalisant que c'est lui qui sentait la merde. D'un geste sec, elle tire sur le rideau étanche dont l'humidité a fait pourrir l'extrémité et lui fait découvrir la baignoire.

Elle l'achève :

– Tu pues. Lave-toi, je vais aller te chercher des affaires.

Elle quitte la pièce sur ces mots. Il tend l'oreille, s'assure que les pas s'éloignent bien dans le couloir et rabat la porte sans parvenir à la fermer. Il ne se souvient pas de la dernière fois qu'il a été seul quelque part. Ses forces l'abandonnent d'un coup et cela lui fait du bien de sentir sa poitrine se dénouer, de savoir qu'il peut cesser d'être à l'affût, au moins le temps où il demeura dans cette pièce.

Il effleure les murs du sanctuaire avec l'intérieur de ses doigts râpés. Dans la glace, des morceaux de lui. Il fait un sourire forcé avant de découvrir le maximum de ses dents et de les exposer au reflet. Tire sur ses lèvres. Là où il sent du froid, là où sa dent est ébréchée. Le bout parti était moins gros que prévu. Le seul problème c'était que sa langue frottait contre la faille, s'écorchant sans cesse, si bien que depuis deux jours sa salive était parfois teintée de rouge. Il fait jouer son doigt sur l'ivoire et grimace parce que l'endroit est sensible. Il sent à cette occasion le goût de la crasse accumulée sur des mains qu'il n'a pas lavées depuis au moins une semaine.

Il retire son pull et son maillot de corps d'un seul coup. Ses aisselles imberbes le démangent. Il déboutonne son pantalon. L'odeur, difficilement tenable. Il enjambe le rebord de la baignoire, encore vêtu de son caleçon et de ses chaussettes.

Il entend la porte s'ouvrir à la volée et sursaute, cache ses parties avant de se souvenir qu'il n'est pas totalement nu.

Chiara.

Elle voulait le surprendre la merde au cul, l'intimider comme une mère pour qui les corps d'enfant ne comptent pas. Elle voulait qu'il ait peur, au moins autant qu'elle avait peur de lui.

– Qu'est-ce que tu fais ? Tu ne prends pas ta douche ? lui demande-t-elle, agacée.

Il ne répond pas, la fixant d'un air bizarre, en haussant les épaules. Elle pose par terre les vêtements qu'elle tenait et s'avance vers lui.

– Tu ne sais pas comment ça marche ?

Il a du mal à saisir les mots qui sortent de sa bouche – elle parle trop vite et il a encore du mal avec le français.

– *Nun't capisc.*

Ses yeux la trahissent, elle comprend sa langue. Il sort de la baignoire, l'attrape par le bras et il sent le sang s'y ruer pour le durcir. La peur. Pourtant elle ne desserre pas l'étreinte, lui montre encore qu'elle peut le défier sans ciller.

– *Famme vedè.*

Chiara souffle un grand coup pour la deuxième fois de la soirée et cède, dans une langue qu'elle s'était juré d'oublier :

– Pousse-toi !

Elle le chasse d'un revers de la main ; le gamin s'écarte. Elle grimpe dans la baignoire.

– Viens voir.

Il obéit, se colle à elle en espérant qu'elle oublie la puanteur qui se dégage de son corps. Elle décroche le pommeau de douche et le lui colle dans la main, puis explique, en lui montrant les robinets :

– Gauche, chaud. Droite, froid. T'as compris ?

Elle est si proche. Il peut sentir la chaleur de son cou et l'odeur sucrée de sa sueur. Il sent sa bouche se charger d'humidité et a soudain envie de coller le bout de sa langue sur la nuque de la fille. Elle doit sentir une pulsion étrange puisqu'elle se retourne et le repousse d'une main ferme.

– C'est la dernière fois que je te parle comme ça. Il faut parler français maintenant, d'accord ?

– J'ai compris, lui répond-il.

– Maintenant, lave-toi.

Il essaye de sourire et lui crache dans un français chantant :

– Merci.

Elle le toise une ultime fois, haussant le menton, comme les maîtresses d'école regardent les cancres.

– Laisse-moi passer.

Il recule pour la laisser sortir de la baignoire. En se tournant, elle aperçoit, un court instant, le dos nu du garçon, strié de cicatrices boursouflées, méchants serpents mauves sur une chair d'enfant.

– Qu'est-ce que tu t'es fait ?

Il secoue la tête.

– Rien.

Ciro colle son dos au carrelage pour qu'elle ne regarde pas une deuxième fois ses balafres.

– Au fait, comment tu t'appelles ?

En guise de réponse, il se contente de la regarder avec des yeux écarquillés. Décidément, il ne comprend rien au français. Elle ouvre la bouche à nouveau, prête à répéter, à contrecœur, la question dans le dialecte que parlaient les siens, quand il répond :

– Ciro.

Et c'est tout. Chiara quitte la pièce. Il enlève son caleçon et ses chaussettes et fait couler l'eau. Il ouvre le robinet à fond. L'eau tombe sur ses pieds noirs par gros bouillons et il regarde la crasse fuir ses ongles, aspirée par le siphon. Il urine dans la douche, vide son sexe rendu douloureux par la continence.

Passe enfin son corps sous le jet, si glacé qu'il doit attendre une bonne minute avant de sentir la morsure de l'eau brûlante. Il prend le savon et se met à frotter partout avec acharnement. Il s'attarde entre ses fesses, fourre un pouce dans son anus, gratte et décolle minutieusement la merde séchée avec ses doigts avant de les exposer au jet. Il frotte le savon jusque dans sa bouche, croquant des petits morceaux pour les appliquer contre ses gencives avant de les avaler. Il frotte chaque recoin de son corps jusqu'à ce que l'eau chaude se tarisse. Le froid hérisse alors les poils sur son corps et il a l'impression d'un juste retour des choses. Tout ce qui pourrissait à l'intérieur a été lavé et avalé. On lui rend celui qu'il a été. Il ressent à nouveau les choses comme avant et il a maintenant moins honte de ce qu'il offre au monde.

Il sort de la douche et attrape une serviette sur l'étendoir ; à l'odeur il comprend en la posant sur son visage qu'elle a déjà servi. Il éponge à peine son corps et choisit de se recroqueviller sur le sol. Il pose son menton contre son torse, ramène ses bras sur ses genoux et écoute son souffle résonner, chaud contre son ventre encore humide.

Il croit qu'il va s'évanouir, là, la tête trop pleine d'une violence qui d'un coup cesse et le rendait vulnérable. Il se souvient des histoires d'un mendiant qui traînait près de la gare et achetait les petits garçons contre les quelques pièces amassées dans la journée. Il avait fait la guerre et racontait qu'après les batailles, une fois sûrs d'être épargnés, il en avait vu mourir subitement – jusque-là artificiellement rattachés à la vie par la peur de la fin.

Les vêtements sont ceux d'une fille, trop amples pour lui qui n'a pas grand-chose sur les os. Il entrouvre la porte, des voix lui parviennent du bas. Il ne veut pas sortir. Il ressent quelque chose dans ses tripes, seul dans cette pièce, son corps nu et purifié, les voix qui le nourrissent. L'abandon et la sensation du vide, dedans. La stabilité qui va avec. Tout arrêter là, enfermé dans un corps qui ne répond plus et ne peut plus se faire mal. Les autres n'existent pas encore, tellement absents. Éloignés de l'instant, glacés, rendus pierre par un enfant qui s'était arrêté d'être.

Ciro descend les marches. Son pied gauche vient s'écraser sur l'auréole de pluie et de boue qu'il a laissée tout à l'heure en montant. Il s'essuie discrètement sur le tapis du bas. Ce qu'il était quelques mètres plus haut, quelques minutes plus tôt..., tout cela est déjà bien loin. La porte en verre de la cuisine est fermée. Lui parviennent du dedans un prisme déformé de lumières et des silhouettes inconnues. Ses yeux se détournent vers une autre porte, à l'entrée. Il y renonce rapidement. Trop lâche pour fuir. Le bruit des couverts, des conversations. La faim et la forfaiture. Tout cela revient en tornade et il se précipite presque pour chasser l'angoisse du commencement.

Il entre brusquement et tous le dévisagent. La table, un carré de bois recouvert d'une légère couche de plastique, ne lui offre qu'une seule solution. Pourtant il se fige un instant, passe les trois paires d'yeux sans jamais s'arrêter parce qu'elles ne le lâchent pas. Il voit le bras de Marcelo bouger et tapoter le haut de la chaise vide qui se trouve à côté de lui. Il se jette dessus, tire la chaise trop fort à lui. Les pieds crissent. Le son fait grimacer Ciro, étirant les muscles de son cou. Il s'empresse de s'asseoir, gêné.

– Sous ce toit, on parle français, dit-il au gamin en place sur la chaise. C'est important. D'accord ?

Il surprend le regard de la gamine, à l'affût d'un serment impossible à tenir trop facilement juré à son père. C'est vrai qu'il ne parle pas français, mais, à ce moment-là, cela ne compte plus. Le gamin acquiesce, plus de fois que nécessaire. Si on lui demandait de jurer, il le ferait. Peu importent les promesses, pourvu qu'elles nourrissent.

Cecilia remplit les assiettes, en prenant soin de ne pas croiser le regard de l'enfant. Elle renverse même un peu de la sauce des pâtes sur ses mains. Il ne pense pas qu'elle l'ait fait exprès. Une seule chose compte maintenant pour lui, le repas. Dans sa bouche, de la salive chaude en abondance et le goût du savon qu'elle ravive. Marcelo entame une courte prière. Ciro pose ses paumes sur le bord de la table et se rend compte qu'elles suintent légèrement. Il laisse deux fines auréoles, un peu de brume humide qu'il frotte avec ses poignets pour les faire disparaître. Marcelo se tait, enfourne le coin d'un torchon derrière le col de son tricot pour l'y coincer. Ciro n'attend pas. Il se rue sur la nourriture, enfonce ses doigts dans le plat pour les enfourner ensuite dans sa bouche. La grosse main calleuse de Marcelo, durcie par le travail manuel, s'abat rapidement sur sa nuque. Un petit éclair dont la pointe fouette le cou de l'enfant. Un coup sec qui suffit à faire plonger la tête du gamin dans son plat. Juste ce qu'il faut d'humiliation pour une leçon donnée presque sans force.

Ciro se redresse et, sans même essuyer son visage plein de sauce, saisit le couteau de cuisine posé à côté de lui.

La mère laisse échapper un cri, pensant que l'enfant va frapper. Marcelo ne quitte pas les yeux du gamin. Il lui dit, sans peur, d'une voix égale :

– À ma table, on ne mange pas comme un animal. Ne me le fais pas répéter.

Le gamin n'entend plus. Il respire fort, le cou lézardé de veines soudaines, la mâchoire raide. Il lutte contre lui-même ; ses membres privés de sang, un puits dans son ventre. Il ne sait pas encore ce qu'il doit faire. Marcelo précise, toujours d'une voix égale :

– Et on ne menace pas les gens. Ni sous mon propre toit, ni ailleurs.

Ciro comprend. Il baisse la tête et repose le couteau. Le rouge quitte ses joues. Il n'a plus vraiment faim. Seulement honte à nouveau. Il a réussi à gâcher un moment pour les autres et pour lui-même, la seule nourriture chaude avalée de la semaine. Il prend sa fourchette et pique à peine le plat. Il ne relève pas la tête de tout le repas. Déjà persuadé qu'on va le mettre à la porte une fois qu'il aura fini de manger. Lui-même ne comprend plus très bien ce qu'il fait ici, à cette table ou ailleurs. Mais ce soir, le gosse aux manières de sauvage fait partie de la famille Zaccariello.

À la fin du dîner, Cecilia débarrasse son assiette et celle de sa fille. Il faut maintenant aller dormir. Chiara hésite, jette un regard à son père. Il ne cille pas. Elle ne discute rien, repousse donc sa chaise et quitte la pièce, accompagnée par sa mère. Ciro attend d'entendre les bruits de pas dans l'escalier pour retoucher à son assiette, son appétit renaissant alors.

Marcelo sort son paquet de cigarettes et en porte une à sa bouche. Reste comme ça quelques instants. Puis il se lève en poussant un râle alors que son dos craque. Il fait jouer la gazinière et se penche sur les petites flammes apparues dans un bruit de torche. Ciro croit qu'il va se brûler mais il n'en est rien. Doucement, l'homme se redresse et réapparaît avec une cigarette incandescente au bord noirci, brûlé par le feu trop bleu, au bout des lèvres. Il se rassoit et regarde le gamin comme un tas d'emmerdes dont il préfère finalement détourner les yeux. Ciro le regarde faire tomber les cendres dans son assiette vide. Marcelo finit rapidement sa cigarette – de longues bouffées qui font mincir le filtre blanc – comme s'il allait monter sur l'échafaud, pressé de donner un peu de chaleur à ses poumons de condamné. Il écrase le mégot dans son assiette, traçant une corolle dans le fond de sauce qui s'y trouve pour l'éteindre. Se masse les yeux un instant. Puis se lève.

– Allez, viens, il lâche à Ciro sans le regarder.

Le petit se laisse tomber de la chaise et suit le grand jusqu'au salon. Là, Marcelo lui montre le canapé vide du doigt.

– Tu vas dormir ici.

Ciro reste planté là et il sait que ce n'est pas bien, qu'un homme comme Marcelo n'aime pas qu'on garde les bras morts à regarder les choses sans savoir quoi en faire.

– Installe-toi.

Ciro s'enfonce dans les coussins trop mous, cherche un endroit où poser sa nuque. Ses pieds se frottent l'un l'autre, pour chasser le froid. Marcelo décroche un manteau de la patère clouée au mur de l'entrée, un long pardessus en laine. Ciro se dit que c'est un manteau pour aller à l'église. Marcelo le lui jette dessus et lui souhaite bonne nuit. La laine lui donne chaud, il oublie rapidement qu'elle le gratte aussi.

Ciro dort. Rêve d'enfant de sa vie d'avant. De sa ville. Chez lui. L'odeur du soleil et de la merde, le goût saturé d'iode. L'étage loué à la semaine. Les insectes qu'il entend vivre dans les poutres quand le jour se tait. Ses ongles sans arrêt sur ses bras à arracher les croûtes à peine formées. Le frère de sa mère, recherché par ses créanciers. Son sourire, qui dévoilait quelques dents noires et retroussait ses joues vérolées en un stupide rictus juvénile. Sur ses habits, l'odeur de poisson et de vinaigre – le parfum saumâtre jusque dans son haleine et sous ses bras. Le goût aussi, quand il lui fourrait ses doigts dans la bouche. Frottait ses phalanges sales contre ses gencives avec un regard d'ailleurs. Il l'avait mordu un jour – il venait de récupérer un rasoir sabre alors que la barbe n'était pas près d'apparaître sur son visage et s'était dit qu'il frapperait le premier si l'oncle y trouvait à redire.

Les pas dans l'escalier le sortent des rêves. Le bruit s'arrête. Il sait qu'on le scrute de là-haut, aussi il ouvre à peine les yeux et fait semblant de dormir encore. Cecilia finit de descendre les marches et s'arrête quelques instants pour regarder l'enfant. De là où elle est, Ciro sait qu'elle ne peut pas savoir ses yeux ouverts. Dans l'obscurité, ils ne sont que deux formes éteintes. Puis Cecilia gagne la cuisine et ferme la porte derrière elle.

Maintenant réveillé, Ciro n'ose pas bouger. Il décide d'attendre son seul allié en ces murs avant de se lever. Marcelo ne tarde pas à faire son arrivée. Ciro se redresse alors sur la couche, attendant les ordres.

– T'as bien dormi ?

Ciro hoche la tête et attend la suite.

– Habille-toi, on va te donner quelque chose à manger.

Ciro veut lui dire de l'attendre mais Marcelo gagne déjà la cuisine. Le gamin pose un pied par terre et le froid remonte dans ses jambes. Il se penche et les frotte. Tout de suite, il a envie de remettre les habits sales qui sont les siens et qu'il a abandonnés la veille. Mais il les a oubliés là-haut, dans la salle de bains, et il n'ose pas y retourner.

Il marche vers la porte de la cuisine. À travers le carreau opaque, il voit à nouveau des formes qui empêchent la lumière de sortir. Il entre. Cecilia lui tourne le dos. Il ne sait toujours pas quel est son prénom quand elle pose une tasse de café sur le coin de la table devant lequel il se tient, sans même lui adresser un mot. Marcelo finit déjà une cigarette.

– Bois-le vite, on va y aller.

L'enfant boit. Ça l'écœure mais ça le réchauffe et entre les deux, le choix est vite fait. Alors il boit, retient sa glotte quand elle commence à trop s'agiter. Garde le tout. Ça valait le coup. Maintenant il sent comme des braises dans sa gorge et sa nuque et c'est mieux comme ça.

L'étage dort encore. Ciro a demandé l'autorisation pour pouvoir y monter, pourtant il ne marche pas comme il marche d'habitude. L'intrus se faufile dans la salle de bains. Ses habits ont été jetés dans un coin de la pièce. Comme ils ont passé la nuit sur le carrelage, il frissonne quand il les enfile. Il plie mal le pyjama qu'on lui a donné la veille – s'y reprend à deux fois avant de comprendre qu'il n'obtiendra pas mieux.

En sortant, il s'arrête un moment et regarde le couloir. Espère que Chiara va apparaître. Comme rien ne se passe et qu'il entend les voix en bas monter d'un cran, il comprend qu'il est temps pour lui de partir.

La porte est ouverte. Ils l'attendent devant. Ciro pose le pyjama froissé sur l'accoudoir du canapé et lâche un merci à peine audible à la femme sans oser relever les yeux vers elle.

– Tu es prêt ? lui demande Marcelo.

Pour montrer qu'il l'est, Ciro saisit la sacoche remplie d'outils posée par terre et la hisse péniblement sur son dos, seul moyen qu'il a trouvé pour s'acquitter de la nuit passée ici. Marcelo la lui enlève et la met à son épaule.

Les deux hommes quittent la maison et la porte derrière eux est rapidement refermée pour empêcher le monde d'entrer.

*

Ciro regarde par la fenêtre en se demandant où il va devoir descendre. La voiture s'arrête finalement devant des immeubles pas encore finis. Pour le moment, ils ne sont qu'un enchevêtrement de blocs et de tiges d'acier et d'autres choses dont les angles blessent le regard. Ça va aller. Il le ramène là où il l'a trouvé et Ciro se dit que ça ne sera pas si difficile puisqu'il connaît le coin.

Marcelo a gardé les mains serrées sur le volant pendant tout le trajet. Maintenant ses jointures sont blanches, privées du sang qui s'est rué au bout des doigts, et il doit les masser pour qu'elles lui appartiennent à nouveau.

– Tu ne peux plus dormir sur le chantier, d'accord ? S'ils te trouvent, c'est grave.

Il n'a pas besoin d'en dire plus. Ciro sait ce que les chefs de chantier et les ouvriers sont capables de faire – il sait qu'avant les avertissements viennent les coups. Pourtant, il prendra sa chance le soir même, le temps de trouver un autre endroit pour dormir – celui-ci fera encore l'affaire quelques jours.

– Il faut que j'aille travailler.

Ils descendent du break. Marcelo laisse tomber son sac sur le capot et fait le tour du véhicule. Il ouvre le coffre et récupère sa ceinture à outils, qu'il sangle à sa taille, avant de la remplir de quelques clés supplémentaires qu'il gardait toujours à l'arrière, en cas de besoin. Le gamin regarde les hommes en vêtements sales se diriger vers la carcasse de fer comme aimantés par elle. Les ouvriers, en le voyant, font parfois danser leurs doigts sur son crâne d'enfant. Il n'aime pas ça, baisse la tête et grogne. Ça les fait rire.

Le coffre claque et Marcelo voit que le gamin n'a pas bougé. Il pose un genou à terre pour lui dire ces quelques mots et remarque que les yeux de l'enfant fuient toujours ceux des adultes.

– Je dois aller travailler, tu comprends ?

Ciro comprend parfaitement mais c'est son droit de rester planté là et de faire comme s'il ne comprenait pas. Si Marcelo lui dit de dégager, alors il obéira. Rien. Alors il reste.

Marcelo se redresse lentement et pousse un soupir – pour chasser la douleur dans ses articulations. Il laisse tomber sa sacoche aux pieds de l'enfant.

– Si tu as faim, il y a à manger à l'intérieur. Je reviens à midi. Mais après, il faut partir, d'accord ?

L'enfant accepte. Il regarde Marcelo rejoindre les autres et marcher jusqu'à l'échafaudage. Ciro le cherche à travers les étages, alors qu'il apparaît et disparaît de plate-forme en plate-forme.

Jusqu'au sommet.

Ciro s'installe sur le bitume, cale son dos contre le pneu de la voiture, et suit les ouvriers qui travaillent là-haut, sans protections. Le spectacle. Ces funambules sans grâce qui exécutent leur numéro dans le vacarme des outils qui frappent lui font quelque chose. Il a peur pour eux et ça l'excite.

À midi, Marcelo redescend sur terre pour déjeuner. Il constate que Ciro est resté là à l'attendre et partage avec lui les sandwichs que sa femme a glissés dans sa sacoche.

À côté d'eux, les autres mangent aussi et vident des canettes de bière, assis par petits groupes – les Français, les Portugais et les Arabes entre eux, conversant dans leur langue et pas dans une autre. À la fin du repas, Marcelo grille une cigarette en guise de dessert. Pas loin, des rires éclatent.

– Qu'est-ce qu'ils disent ?

Marcelo est surpris que le gamin lui adresse la parole. Ciro pense qu'il ne l'a pas entendu et insiste en désignant du menton ses collègues hilares.

– J'en sais rien. Je comprends pas leur langue.

Avant de repartir travailler, Marcelo tend sa main au gamin et lui souhaite bonne chance. Ciro comprend et serre la main tendue, en le remerciant.

Marcelo repart travailler. Ciro doit maintenant trouver un plan pour manger ce soir et il n'a pas beaucoup d'idées. Il vole encore quelques minutes, la tête en l'air à regarder ceux qui ont repris le travail. Au moment de partir, il voit la sacoche que Marcelo a oubliée sur le trottoir et décide de la lui apporter. S'il la laisse ici, on la lui volera. S'il attend que Marcelo redescende, il croira que Ciro demande une deuxième nuit d'hospitalité et il ne veut pas qu'il le croie si faible.

Comme le matin, Ciro soulève la sacoche trop lourde pour lui en pliant les jambes, se redresse en essayant de trouver un point d'équilibre et se met à marcher, en gardant ses jambes proches l'une de l'autre quand il marche.

Il s'approche de l'échafaudage, passe par-dessus une première balustrade d'acier. Des planches ont été disposées pour monter aux étages. Puis plus rien – seulement quelques barreaux encastrés dans la façade.

Ciro décide de tenter sa chance, il fait passer la sacoche derrière lui, la lanière lui mord maintenant l'épaule. Il pose les mains au-dessus de sa tête et ressent quelque chose au bas du ventre quand il les referme – ses doigts n'arrivent pas à rejoindre ses paumes et il comprend qu'il doit serrer fort, très fort, s'il ne veut pas tomber.

Il se concentre.

Et grimpe.

Le poids dans son dos l'attire vers le bas. Il pense à lâcher et cela le fait monter un peu plus vite.

Il regarde devant lui, son horizon réduit à quelques centimètres de façade. Pas en haut. Rien en bas. Il monte et c'est tout.

Une clameur s'élève parmi les ouvriers. Quelques murmures et des voix franches. Bientôt le gamin agrippe le poignet tendu et donne un dernier coup sur ses jambes.

Et le voilà sur le toit.

Au milieu d'eux, qui le regardent, épatés.

Lui n'en cherche qu'un des yeux.

Il le voit accroupi plus loin sur le toit.

Marcelo cherche un de ses outils, une petite barre d'ajustage qu'il a toujours à sa ceinture. Lorsqu'il a porté la main à son emplacement, il n'a senti que du vide et le contact du cuir rêche. C'est le genre de broutille qui pouvait lui gâcher la journée, suffisant pour lui donner l'impression qu'il est un mauvais ouvrier.

Et maintenant le gamin est là. Ciro marche jusqu'à lui et lui tend sa sacoche. Comme Marcelo ne tend pas sa main tout de suite, il se dit qu'il a sans doute fait une bêtise. Le regard fixe posé sur lui commence à le gêner.

– Comment t'as fait pour monter ?

Sévères, les yeux restent là où ils sont. Grands ouverts.

Ciro hausse les épaules et lui montre par là où il est passé, confondant la question avec une autre. Les ouvriers confirment, en louant son courage.

Marcelo écoute puis récupère la sacoche comme si de rien n'était.

– Ça tombe bien, j'en avais besoin.

Marcelo fouille à l'intérieur, trouve sa barre d'ajustage, et retourne au travail, tournant le dos à l'enfant.

Ciro s'approche du bord. Il appuie son buste contre la balustrade et ça calme quelque chose à l'intérieur. Il ne regarde pas en bas, seulement devant. Il sent une main dans son dos. Marcelo.

– Tu n'as pas le vertige ?

Ciro ne comprend pas le mot. Marcelo se dit qu'il ne doit pas se sentir mal ici puisque ses yeux ne fuient pas.

– Viens, je vais t'apprendre. Enfin, si tu veux.

Il veut et suit Marcelo jusqu'à son coin de toit. Il le regarde travailler et écoute les observations techniques qu'il fait à voix haute – détaillant chacun de ses gestes, expliquant les opérations qu'il effectue.

À la fin de la journée, les deux se retrouvent là où ils ont commencé celle-ci. Près de la voiture. Alors qu'il range ses outils dans le coffre de la voiture, Ciro comme un piquet près de lui, un des poseurs lui met une tape sur l'épaule.

– C'est ton fils ? lui demande l'ouvrier.

Marcelo est gêné, ne sait pas quoi répondre – il grogne et fait un léger signe de tête, pris de court.

– Bah, bravo mon vieux, c'est pas un lâche le môme… Y a de quoi être fier.

Ciro n'a pas compris tout ce qu'ils se sont dit. Il regarde Marcelo cligner des yeux comme s'il repensait aux mots de l'autre. Il met plus de temps qu'il ne devrait à refermer le coffre.

*

Ciro est de retour. Les habits pleins de poussière, il franchit la porte et lit la détestation chez Cecilia quand elle ouvre la porte. Pas tant la surprise, comme si elle savait.

Le dîner. Sans un mot des femmes. Seul Marcelo parle. Il a bu plus de vin que d'habitude et raconte comment Ciro a escaladé l'échafaudage. Il n'a jamais vu ça. Ses collègues non plus n'en croyaient pas leurs yeux. Il en rajoute. Un gamin qui n'a pas peur du vide. Même lui n'aimait pas monter avec son père au début, quand il avait appris le métier. C'était passé avec le temps mais au début il n'était pas à l'aise. Aucun doute, Ciro ferait un formidable ouvrier. Ciro se sent flatté et honteux à la fois. La table est divisée et il sait qu'il ne peut pas réconcilier les deux camps.

Chiara aussi lui en veut. Jalouse de voir son père déjà père d'un autre. Il sait qu'il la dégoûte, assis devant elle, à manger avec appétit le repas préparé par sa mère. La vérité, c'est qu'il ne sait pas pourquoi il est assis à la table. Quelque chose a changé, c'est sûr, mais quoi ? Il a seulement rapporté une sacoche. Pas suffisant pour changer son monde.

– Moi non plus je n'ai pas peur du vide, lâche Chiara.

Son père la regarde, lâche un petit rire amusé. Elle craque.

– Pourquoi tu rigoles ? Qu'est-ce que tu en sais ? Tu n'as qu'à m'emmener, tu verras !

Cecilia tend une main stricte vers elle, pour lui dire de se calmer. Mais la gamine ravale déjà des larmes de haine. Elle est comme ça. Repousse son assiette et fait grincer les pieds de sa chaise.

Quelques pas pressés et plus rien.

Ils ne sont plus que trois.

Ciro, toujours assis, attend les ordres – les couverts reposés dans son assiette, les paumes occupées à frotter ses genoux.

C'est gênant.

Lui, fils unique pour quelques instants qu'il aimerait dissiper. Peut-être qu'il aurait dû abandonner les outils et partir reprendre sa vie. Parce qu'il a l'impression qu'elle ne lui appartient déjà plus, qu'ils vont se la partager, se la disputer, qu'on lui dira quoi faire et qu'il obéira.

L'annonce se fait dans leur langue :

– Il va dormir avec la petite.

Ciro comprend que Marcelo a décidé pour lui. Cecilia, qui a ravalé sa haine tout le repas, explose :

– Il n'en est pas question ! Je refuse que ce bâtard dorme avec ma fille.

Ciro baisse les yeux. Il se fiche de l'insulte, la seule chose qui compte, c'est d'éviter les regards.

Des mains puissantes le ramènent au réel. Marcelo lui prend la mâchoire, redresse son visage et l'oblige à le regarder en face. Les doigts, fermes, impriment des marques blanches sur la peau rouge. Ciro frémit. Avoir une place si importante dans cette histoire, celle d'adultes prêts à se déchirer.

– Je veux que tu promettes à ma femme que tu ne toucheras pas à sa fille.

Ciro secoue la tête, aussi vite qu'il peut et que la main le lui permet.

– Moi je te crois, mais je veux que tu le jures à ma femme, lui dit Marcelo.

– Je... Moi, Ciro, je jure que je ne toucherai pas à votre fille, madame, dit le gamin.

Il croit qu'elle va lui cracher à la gueule, mais rien. Elle ravale sa salive. Marcelo attend sa réaction mais elle ne répond pas. L'affaire est donc jugée comme ça :

– Il a promis. Si tu n'as pas confiance, c'est que tu mets en doute sa parole. Et là, ça me pose un problème.

Ciro veut dire que ce n'est pas la peine de se disputer pour lui mais il n'ose pas parler quand il voit Marcelo le regarder comme il le fait – comme s'il cherchait à savoir s'il valait vraiment cette peine. Ciro se dit qu'il va changer d'avis.

– Va te coucher.

Le gosse refuse de bouger, trop surpris.

– Va te coucher, j'ai dit.

Ciro suit Cecilia dans les marches. Dans le couloir, elle l'arrête devant la porte de la chambre de sa fille. Elle seule entre à l'intérieur. Ciro entend les protestations de la gamine. Il préférerait dormir sur le canapé – pour ne pas faire d'histoires. Mais Marcelo a décidé pour tous, alors il attend que Cecilia sorte de la chambre.

Elle est là, ne le regarde pas et ouvre une autre porte, un peu plus loin. Du bruit à l'intérieur et la voilà avec un vieux matelas. Elle prend soin d'éviter le garçon du regard et jette le matelas à ses pieds. Voilà. Elle disparaît et éteint la lumière du couloir, alors qu'il y est encore.

Dans l'obscurité, Ciro s'approche de la porte. Sa main sur la poignée. De l'autre, il traîne le matelas. Dans une paume la petite sphère de métal froid, incomplète. Sous l'autre, le tissu rêche qui brûle le bout de ses doigts crispés. Il l'ouvre, sent la résistance de la serrure disparaître. Son poids, énorme contre le morceau de bois. Il se ravise. Lâche le matelas. Il décide de s'allonger dessus et de dormir ici, pour ne contrarier personne.

Il s'est à peine endormi et sa tête bourdonne quand on le secoue pour le réveiller. Marcelo est là, penché sur lui :

– Qu'est-ce que tu fais ?

Ciro dort, c'est évident.

– Pourquoi tu ne vas pas dans la chambre ?

– Personne ne m'a dit que je pouvais entrer, lâche l'enfant.

– Eh bien moi, je te le dis.

Marcelo le relève, lui demande s'il veut de l'aide pour le matelas. Ciro lui dit que ça va aller.

Il ferme les yeux, le temps de laisser ses pupilles s'habituer au noir. Ça fait déjà longtemps que ça ne lui fait plus peur. Il n'a jamais vraiment été un enfant. Il se déchausse. Pousse le matelas là où il voit l'espace vide et s'allonge dessus, encore habillé. Il devine la silhouette de la petite fille qui lui tourne le dos. Il pose sa joue contre le tissu râpeux. Un frisson et il ramène ses jambes contre son torse. Il les frotte. Puis ramène ses mains à sa bouche et souffle à l'intérieur. L'écho de son souffle, qui résonne entre ses paumes, le berce et il sombre rapidement.

*

Marcelo veut voir de ses yeux comment le petit se hisse jusqu'en haut. Arrivé sur le chantier, il grimpe et laisse Ciro sur la terre ferme avec les mêmes instructions que la veille : « Mange si tu as faim, je redescends pour le déjeuner. » Il doit en avoir le cœur net avant de prendre une décision. Il a fixé le prix à payer par l'enfant. Il a lu l'envie dans ses yeux, espère qu'il n'y a pas seulement projeté la sienne. Qu'importe. Il croit à son bon sort, à cette arrivée inattendue et au choix qu'il lui reste à faire.

Arrivé en haut, Marcelo se penche et regarde faire. L'ascension est périlleuse. Il a un instant peur pour Ciro mais décide de ne pas bouger. Son père l'a élevé comme ça et lui-même ne connaît pas d'autre manière de faire grandir les garçons.

Ciro monte jusqu'au dernier étage de l'échafaudage et escalade ce qui le sépare du toit à la seule force de ses bras frêles qui tremblent sous l'effort. Les autres ouvriers le regardent, ébahis à nouveau. Lui reste concentré sur ses prises, il sait ce qu'il risque – il en a même fait un rêve cette nuit, s'est imaginé fauché par le vent lors de l'ascension. Il ne lui reste que quelques barreaux mais ses épaules le brûlent et il décide de reprendre des forces, les pieds posés sur un barreau en dessous. Une main se tend. Il la saisit sans réfléchir et se fait hisser au milieu des hommes. Le gamin remercie en baissant légèrement la tête. Puis il rejoint Marcelo sur une poutrelle, les pieds dans le vide. Si petit, il sait déjà que la vie ne vaut rien. Marcelo ne comprend pas. Même lui a eu peur la première fois que son père l'a forcé à monter. En haut, il s'était penché pour vomir dans le vide. Son père lui avait assuré que la plupart passaient par là. Pas tous. Il y en avait à qui tout ça ne faisait rien. Ceux qui avaient besoin de tout mettre dans la balance pour se sentir en vie. Ceux qui alors ne pensaient plus.

– C'est ton fils ? lui demande un autre ouvrier qui n'était pas là la veille.

Ciro le regarde, attend la réaction.

– Oui…, répond Marcelo dans un souffle, et ce mensonge lui donne de la force.

– Bah putain ! lâche l'ouvrier ébahi avant de siffler entre ses dents… Les chiens font pas des chats.

Marcelo se force à lui refuser un sourire. Il sait ce qu'il désire à cet instant. Être lié à lui. Ciro n'est plus l'inconnu encombrant qu'il s'est senti obligé de ramener chez lui par pitié, parce qu'ils parlaient la même langue, parce que c'était dur de regarder un gamin de chez soi crever à petit feu. Quelque chose a changé. Marcelo comprend que cette certitude qui vient d'ailleurs va lui poser des problèmes ici, où il y a des règles. Chez lui, avec sa femme, avec sa fille. Ici, en France. Les autres ne comprendront pas ce qui vient de se passer et tout ce que cela représente pour un homme qui ne peut se reproduire en homme.

Le gamin ressent quelque chose aussi. Marcelo semble l'avoir accepté et ne le regarde plus comme hier. Ça devrait lui faire plaisir. Le rendre fier. Mais il n'est pas à l'aise en hauteur aujourd'hui. Il pense à autre chose qu'à remplir son ventre pour la première fois depuis longtemps. Il pense à Chiara. Il pense à la chute. Ces deux idées sont liées, il n'existe rien d'autre. Il connaît la survie et sait qu'elle fonctionne sur un mécanisme simple : arrêter de penser. S'oublier. Ciro comprend rapidement qu'il doit chasser la fille pour tuer la peur qui en fait quelqu'un d'autre. Il regarde autour de lui ; le toit, balayé par le vent, sur lequel des ouvriers risquent leur vie pour le salaire de la misère. Il creuse son ventre et se penche au-dessus du vide. Il étire ses bras, mains posées sur le paravent, et les rapproche lentement l'une de l'autre. Le contact abrasif de la surface irrégulière, ses imperfections qui piquent sa peau d'enfant, la fine couche de poussière qui se rajoute sur ses doigts et toutes ces choses qui lui font comprendre que ses sens ne sont pas morts...

Il lui suffit de laisser aller l'avant de son buste.

Il tombera.

Le pire, c'est l'impulsion. L'ordre. Le seul moment qui demande du courage. Le reste se fait. Une bascule et après, plus rien.

Cette idée l'apaise. Les fantasmes le rassurent, ils valent bien mieux que la vie à laquelle il a eu droit jusqu'ici. Ici où il aime être. Sur le toit. Rien dans la tête, protégé par la hauteur du monde dans lequel il vit. En équilibre, loin des hommes. Ciro sait qu'ici rien ne lui arrivera. Que personne ne viendra le déranger. Parce que ceux qui lui veulent du mal sont trop lâches pour monter le défier.

*

Ciro observe Marcelo travailler. Les seules choses qu'il a auparavant apprises en voyant faire les autres, c'est voler et se battre. Alors il accorde une attention toute particulière à cela, parce qu'il sent que c'est son seul espoir de devenir quelqu'un.

Les autres ouvriers le regardent bizarrement au début. Il a entendu Marcelo leur dire qu'il est son fils. Il pense que c'est seulement pour qu'ils les laissent tranquilles et ne les dénoncent pas au patron. Maintenant, tous l'apprécient et le couvrent lors des inspections. À chaque fois, la même excuse : le gosse n'avait pas classe et son père l'avait emmené sur le chantier pour le garder. Au mépris des règles, Ciro est ici un élève. C'est un don inestimable qu'on lui fait, à lui le bon à rien. Distillé jour après jour, il récolte le savoir en espérant ne pas en perdre une goutte, comme on recueille l'eau d'une fontaine dans ses mains en coupe.

Il commence à se servir lui-même des différentes clés dont on a besoin quand on travaille sur une charpente. Chevron, poinçon, voligeage, arbalétrier, entrait, panne, fiche et contre-fiche. Ces mots n'ont bientôt plus de secret pour lui. Chaque jour il en sait un peu plus et pour la première fois, il a le sentiment de s'améliorer. Il n'ose toujours pas poser de questions mais Marcelo l'a intégré et lui a expliqué à voix haute ce qu'il fait. Il comprend et apprend le français en même temps que son métier, au contact des autres.

Seul existe le chantier. Le soir, elles lui font la guerre. Cecilia ne lui adresse pas la parole. Il finit ses repas seul avec Marcelo. Puis rejoint la chambre où il dort, par terre, à côté de Chiara. Il se couche après elle et se lève avant. Voilà à quoi ressemblent ses journées.

Le matin en arrivant sur le chantier, Ciro aide Marcelo à poser des petites moises, sans que ce dernier ne lui ait rien demandé. Les pièces font un peu moins d'un mètre et il s'applique lorsqu'il les manipule. Il fait tout pour cacher l'effort.

La sueur coule comme jamais de son front d'enfant, jamais séchée par le vent, et rapidement son corps dégage une odeur aigrelette. Il souffle fort. Il a peur de mal faire. Marcelo se contente de le guider comme il le ferait avec n'importe quel collègue. Il ne ralentit pas la cadence. Il veut que Ciro calque son pas sur le sien. Et est rapidement exaucé. Il n'est pas bien grand mais déjà costaud. Pourtant, rien dans son allure ne laisse présager cette force.

À partir de ce jour-là, Ciro travaille comme un vrai professionnel, écoutant les reproches et cherchant perpétuellement à s'améliorer, à côté des autres ouvriers, chaque fois un peu plus impressionnés par la dextérité croissante du gamin. Il se balade désormais avec la lourde ceinture de Marcelo. Trop ample pour sa fine taille, il doit faire un nœud avec la boucle de cuir pour ne pas qu'elle tombe. Il prend ainsi l'habitude de se balader sur le chantier lourd de plusieurs kilos d'outils, harnaché comme le sont tous les autres ouvriers. Résistant comme le sont les adultes. Plus fier qu'eux encore.

*

Le plus dur, pour Marcelo, fut de prendre la décision. Pas seulement de se dire qu'il aimait Ciro comme son sang mais faire en sorte qu'il le devienne. Imposer l'enfant, en faire son fils pour les autres, quoi qu'ils pensent.

Avant toute chose, il avait fallu lui acheter des outils. Il ne pouvait plus lui emprunter son matériel, il devait avoir le sien, comme tout bon ouvrier. Marcelo emmena Ciro sillonner les allées du magasin où il se fournissait. Il choisit pour lui, laissant seulement le soin au gamin de soupeser tout ce qu'il lui tendait. Ciro avait regardé les différentes clés défilant dans sa paume avec le même air béat qu'un enfant le jour de Noël.

Ensuite Marcelo réunit le reste des économies qu'il avait faites l'année précédente. Les sous qu'il gardait dans l'endroit qu'il estimait le plus sûr au monde, à l'intérieur de son matelas qu'il avait percé d'une courte balafre pour pouvoir y enfourner les billets. Une cachette dont même sa femme n'avait pas connaissance. De l'argent qui n'existait pas, qu'il s'était juré d'utiliser uniquement en cas de coup dur en attendant de les donner à sa fille quand elle en aurait besoin, plus tard. Il les utilisa finalement pour quelqu'un d'autre. Pour lui. Pour Ciro. Il connaissait un Sicilien qui travaillait à la mairie. Il l'avait rencontré dans un bar d'Ivry où il jouait de temps en temps aux cartes, les dimanches. Il lui avait donné toute la somme. En échange, l'homme avait truqué les registres et obtenu à Marcelo une fausse déclaration de naissance.

Avec, Marcelo voulait faire faire les papiers du petit. Désormais, il serait le fils de quelqu'un. Il serait Ciro Zaccariello. Pour la date de naissance, Marcelo choisit celle de la première année de sa fille et y ajouta un jour. Ainsi, il serait plus facile de se souvenir de cet anniversaire secret, qu'il fêterait seul avec le gamin, hors de la maison, loin de la haine et de la jalousie de sa femme. Avec un an d'écart, Marcelo décida que son fils et sa fille seraient nés le même jour.

*

Sa joue était irrépressiblement attirée par la vitre, si froide qu'elle semblait faite de glace. Mais la fatigue, accumulée tout au long de la journée, était telle qu'il ne pouvait pas lutter contre le sommeil, affalé sur le siège passager du break. Ciro travaillait presque comme un adulte. La résistance suivrait. Bercé par les cahots du véhicule, il se sentait en sécurité ici. Il aimait la conduite de Marcelo, voir ses mains puissantes étouffer le volant. Le bruit du frein à main le ramena à la réalité. Il se pensa arrivé à la maison. Quand il ouvrit les yeux, il vit la gare de la ville, devant laquelle Marcelo venait d'arrêter la voiture.

– Sors.

Ciro crut alors que tout allait prendre fin. Qu'il le descendrait ici, qu'il dormirait dehors cette nuit. Marcelo adoucit son regard en voyant que le garçon se méprenait sur ses intentions. Ça ne suffit pas à calmer son angoisse. Sans un mot, Ciro sortit de la voiture et suivit Marcelo à l'intérieur de la gare. Dans le hall, à côté des guichets et des gens qui attendaient le train, Marcelo s'arrêta près d'une cabine Photomaton. Ciro le regarda sans comprendre, encore craintif, alors qu'il tirait le rideau et l'invitait à entrer.

– Allez, dépêche-toi, lui dit Marcelo, qui n'avait pas de temps à perdre.

À l'intérieur, il resta debout en attendant que Marcelo remonte le tabouret en plastique, en faisant tourner l'assise avec sa paume. Il fit asseoir Ciro dessus, le fit se relever, ajusta le siège à nouveau… Une fois assuré de la bonne hauteur, il fouilla dans ses poches et glissa quelques pièces dans la fente de l'appareil.

– Maintenant, regarde l'objectif.

Ciro, intimidé, regarda le noir face à lui. Marcelo eut à peine le temps de sortir de la cabine. Le flash, brutal, l'éblouit et il ferma les yeux. Il se leva et sortit à son tour, Marcelo attendait devant que les photos sortent. Il pesta quand elles sortirent enfin ; Ciro avait les yeux fermés dessus. Il lui montra son visage apeuré, les yeux clos, en miniature et lui intima l'ordre de ne plus ciller. Il lui laissa une dernière chance, il n'avait pas plus de pièces à consacrer à ça… Le gamin retourna dans la cabine et ouvrit grand les yeux, étirant tout son visage vers le haut. Il encaissa le flash sans broncher. Une fois qu'il eut l'assurance que tout était terminé, il cligna plusieurs fois des yeux pour faire disparaître le filament incandescent gravé dans sa rétine. Les photos sortirent. Marcelo les regarda et hocha la tête – ça ferait l'affaire. Il montra rapidement à Ciro les portraits miniatures, en noir et blanc, puis les rangea dans sa poche. Il trouva que le garçon sur le papier glacé ne lui ressemblait pas.

Ciro revit la photo un mois plus tard. Il finissait de ranger ses outils dans le coffre de la voiture quand Marcelo lui tendit sa carte d'identité. Ciro ne savait pas ce que c'était. Imprimé sur le papier marron, il reconnut son prénom. Sans doute un des seuls mots qu'il savait identifier.

– Ça veut dire quoi tout ça ? demanda Ciro.

– Ça veut dire qu'ici, tu es mon fils, pour l'État. Ici, en France, répondit Marcelo l'air de rien, après avoir claqué le coffre.

Marcelo remarqua alors les larmes, de fierté, perler dans les yeux du gamin.

– Je comprends pas.

– Maintenant je suis ton père, Ciro. Qu'est-ce que tu ne comprends pas ?

– Rien, rien.

Ciro, gêné, se retourna pour essuyer ses paupières et monta dans la voiture sans demander quoi que ce soit de plus. Il n'était plus seul. Il portait le nom d'un autre.

Ciro n'avait toujours pas de mère. Il n'en aurait jamais. Il avait jusqu'ici connu pour seule présence féminine celle des sœurs de l'orphelinat dans lequel il avait grandi, avant de s'enfuir et d'avoir pour seule mamelle la rue, téton qu'il fallait presque arracher de ses dents pour en extirper de maigres gouttes de lait, à partager avec ses frères de malheur. De cette absence, Ciro avait hérité son regard et ses manières de loup blessé. Il montrait les crocs quand on approchait, sans discernement, qu'on lui veuille du bien ou du mal. Le hasard seul décidait ensuite s'il allait mordre et se repaître du sang coulé ou s'il baisserait les yeux et se sentirait idiot une fois assuré de ne pas être menacé. Ciro ne comprenait pas pourquoi Marcelo faisait tout ça pour lui. Il n'arrivait pas à concevoir qu'il puisse, lui aussi, apporter du bonheur à celui qui ne pouvait pas avoir de fils. Il lui avait donné son nom, alors qu'il le connaissait à peine. Il lui avait donné un toit et la chambre de sa fille, sans rien exiger en échange. Il lui apprenait un métier, qui permettait de remplir son assiette honnêtement et d'espérer avoir, un jour, sa propre maison avec sa propre famille à l'intérieur. Pourquoi lui ? Des enfants, il y en avait plein. Des plus beaux, des plus blancs, des petits êtres qui iraient mieux avec sa fille... Il ne trouvait aucune réponse à cette question, aussi se contentait-il de travailler du mieux qu'il pouvait pour réduire au maximum une dette qu'il ne pourrait de toute façon jamais rembourser.

Marcelo préféra ne pas dire à sa femme que le gamin était devenu le sien, grâce à son travail. Son travail à lui. Sa femme ne travaillait pas, ne connaissait pas les chantiers. Elle ne pouvait pas comprendre que Ciro avait mérité de devenir leur fils. Une fois les papiers d'identité récupérés, Marcelo décida de faire baptiser Ciro en douce. Le dimanche, il annonça à sa femme qu'il devait travailler pour rattraper le retard accumulé lors de la semaine. Elle pesta, en vain. Il prit Ciro avec lui et tous deux quittèrent la maison en tenue de chantier. Marcelo les conduisit jusqu'à l'église Saint-Germain de Vitry-sur-Seine. Tout était déjà organisé. Ciro se signa avant d'entrer à l'intérieur de l'édifice. Il resta immobile, contemplant la triple nef le temps que Marcelo aille chercher le diacre.

Des doigts, étonnamment doux, sur sa nuque, ses cheveux. Le liquide. Les yeux fermés et un sentiment de fin qui l'apaisa. Le même que sur les toits, le matin, quand le jour n'était qu'une promesse et qu'il soufflait sur ses doigts pour les réchauffer. Ciro toussa quand on remonta son visage de l'eau pour la troisième fois. Le diacre lui épongea la figure avec une serviette au tissu abîmé et Marcelo l'embrassa pour la première fois, sur le front. Ciro sentit à peine les petites lèvres froides qui le touchèrent sans même faire le bruit du baiser. Sans avoir le temps de comprendre ce qui venait de lui arriver, il se retrouva dans la voiture sur le chemin du retour. Marcelo, au volant, le félicita. Il lui expliqua que désormais il était chrétien, purifié des péchés qu'il avait commis dans son autre vie. Désormais, Ciro avait une famille et un nom à défendre. Il ne pouvait plus se comporter comme avant. L'honneur d'autres dépendait de ses agissements. Ciro lui jura de s'occuper des siens jusqu'à la fin. Il tenait à cette promesse plus qu'à tout le reste. Il savait maintenant pourquoi il était sur cette terre ; pour honorer ceux auxquels il était désormais lié.

*

L'été vint vite et les Zaccariello durent renoncer aux vacances en Italie pour cette fois car les francs leur manquaient. Une bouche de plus à nourrir, un corps à vêtir, tout cela avait entamé leurs économies. Mais Marcelo savait que son nouveau fils lui rapporterait bientôt de l'argent. À ce rythme-là, il y aurait bientôt un deuxième travailleur à part entière à la maison. À la fin du printemps, il avait réussi à négocier, au noir, un salaire pour Ciro. Du fait de son jeune âge, la paye était médiocre par rapport à celle d'un ouvrier adulte, mais ça faisait partie du marché. Ciro était fier de donner tout son argent à celui qui en avait tant fait pour lui.

Si Cecilia détesta passer l'été dans leur banlieue, Marcelo apprécia les journées passées avec le gamin à lui apprendre son métier. Un sentiment grandissait en lui ; il existait ici un petit être qui lui ressemblait plus que sa propre fille. Chiara, pourtant partie de lui, semblait chaque jour de plus en plus étrangère à ce qu'il était. Il ne reconnaissait rien de lui chez elle. Tant mieux, se disait-il au début, elle me rendra fier. Mais les bonnes notes à l'école et les compliments des professeurs, s'ils émerveillaient Cecilia et l'avaient comblé au début, sonnaient maintenant creux. Il en venait même à s'inquiéter en regardant sa fille grandir. Dans des moments d'abandon, il soupçonnait sa femme de l'avoir faite avec un autre. Un type parfait. Un bourgeois. Un Français. Peut-être quittait-elle le pavillon quand il partait travailler pour aller coucher avec lui ? Il chassait ces idées chaque fois qu'elles commençaient à tourner sans fin dans sa tête, dissipant la folie en se concentrant sur le réel. Ses premiers soupçons fantasmés remontaient à sa convocation à l'école de sa fille, quelques semaines avant qu'il ne rencontre Ciro… Il avait surpris l'étonnement dans les yeux de l'instituteur, quand il s'était rendu compte que la meilleure élève de sa classe avait des parents comme ça. Marcelo lui avait broyé la main au moment de le saluer, seule manière de lui montrer qu'il valait au moins aussi bien que lui, même s'il n'avait aucune éducation si ce n'est celle que lui avait donnée le travail manuel, les coups de ceinture de son père et les bagarres à coups de chaise. L'instituteur avait expliqué à sa femme que leur fille s'ennuyait en classe, qu'elle devait en sauter une parce qu'elle était en avance sur son âge. Le père avait posé des yeux étonnés sur sa fille. L'instituteur leur avait demandé d'en discuter avec elle. Marcelo l'avait fusillé du regard, froidement ; depuis quand un enfant discutait-il avec un adulte ? Le lendemain, sa fille entrait dans la classe supérieure, sans qu'il eût à prononcer un mot, et il annonçait à sa femme que dorénavant, il ne s'occuperait plus de l'école. Qu'elle se débrouille avec ça, il n'y comprenait rien. Il maudissait cette maladie, qui empêchait sa femme de lui donner un deuxième enfant, un garçon, qu'il formerait à son travail et qui protégerait Chiara. Cette maison manquait d'un homme. En voyant Ciro travailler dur tous les jours, il remerciait Dieu d'avoir mis ce gamin sur son chemin.

Les vacances passées au parc. Une serviette pour protéger ses jambes nues. Chiara, elle, était contente de ne pas partir à Naples. Elle détestait cette ville, sa famille, oncles, tantes, cousins et tous ceux liés à elle par des liens insoupçonnés. Elle espérait Paris. Elle n'avait que la banlieue. Le jardin municipal et les plus pauvres de ses camarades. Ceux qui ne pouvaient pas partir en vacances. Ceux qui n'avaient d'autre pays d'origine que celui-ci. Ceux qui ne voulaient pas jouer avec elle. En attendant, Chiara courait à fond, ses pieds nus sur l'herbe, puis sur la terre et les graviers. Faisait des tours autour de sa mère. Insensible. Si au début elle en écorchait la plante, obligeant sa mère à enlever les petits cailloux coincés dans les écorchures et à désinfecter les plaies, elle ne sentait plus rien alors que le mois d'août touchait à sa fin.

La Bibliothèque avait fermé. Alors elle avait relu les rares bouquins qui lui appartenaient, jusqu'à être capable d'en réciter, de tête, des passages entiers.

Sa mère n'avait pas le même problème. Elle ne savait pas lire. Sur la serviette, elle feuilletait des magazines pleins de photos de célébrités, en vacances, à la plage, riches et contentes d'elles-mêmes. La plus grande des frustrations, de la haine en puissance, une boule de feu coincée dans sa gorge – elle ressentait tout ça en observant sa mère faire défiler les pages sous ses doigts fins. Chiara connaissait déjà bien la rage. Sa chambre, elle la partageait avec un gamin inconnu, qui passait ses journées avec son père à elle – à partager des choses d'hommes.

*

Chiara entra au lycée avec un an d'avance. Le jour de la rentrée, comme chaque matin de la semaine, c'est son père qui la réveilla. Il entrait tous les jours et abrégeait sa nuit en venant secouer Ciro, qui dormait toujours à poings fermés sur un matelas posé à même le sol.

La porte s'ouvrit religieusement, le rai de lumière vint violer l'intimité de la nuit et la chaleur des corps endormis. Chiara avait, elle, les yeux ouverts depuis longtemps – au moins une heure –, mais elle fit mine de dormir lorsque son père pénétra dans la chambre. Marcelo entra et frotta sa main sur l'épaule de Ciro. Il descendit à la cuisine, sans même s'assurer de son réveil. Après ce passage, Ciro se leva rapidement, comme électrisé par le contact des doigts paternels. Il refit son lit dans l'obscurité, avant de gagner la salle de bains pour passer de l'eau froide sur son visage, son cou, sa nuque, ses poignets et ses avant-bras. Il aimait ce moment, le début de la journée, le jour qui perçait doucement par la fenêtre, la sensation d'apaisement lorsqu'il chassait l'eau glacée de ses yeux avec une serviette propre. Après, ce serait l'effort, la sueur, le travail sans relâche en pleine lumière. Ici, il était seul, il pouvait entendre le bruit de sa respiration et de chacun de ses gestes dans le monde, comme s'il était son unique habitant. Il descendit ensuite l'escalier et retrouva Marcelo à la cuisine, pour boire une tasse de café, appréciant en silence les haut-le-cœur causés par la boisson brûlante. Le rituel ne variait pas. C'est ce qui lui donnait sa valeur. Mais ce jour-là, alors que les deux hommes, attablés, profitaient des derniers instants de paix que leur offrait le matin, ils virent Chiara entrer dans la pièce. Ciro ne se souvenait pas l'avoir entendue se lever derrière lui. Elle les salua et tira une chaise de sous la table. Marcelo l'arrêta avant qu'elle n'ait le temps de s'asseoir, en posant une main sur le bras de sa fille.

– Pourquoi tu te réveilles si tôt ? lui demanda-t-il, sévère.

– Parce qu'il me faut du temps pour me préparer, répondit-elle en souriant.

Ça sautait aux yeux. Pour elle, c'était le grand jour. Elle était excitée à l'idée de rentrer chez les plus grands. Elle avait eu du mal, la veille, à trouver le sommeil et n'avait pas dormi longtemps.

– Retourne dans ta chambre.

Les mots, balancés d'une manière si définitive que le masque de bonheur sur le visage de Chiara disparut dans la seconde. Sa bouche de gamine se tordit dans l'autre sens.

– Mais papa…

Marcelo fronça les sourcils, ses petits yeux se plissèrent, devenant presque invisibles – sa manière à lui de lui expliquer qu'il fallait obéir. Immédiatement.

Chiara souffla et détourna le regard pour cacher les larmes de haine qui bientôt naîtraient si elle restait là. Traînant des pieds, elle remonta l'escalier et retourna dans son lit. La lumière allumée, tremblante, elle décida d'attendre le claquement de la porte d'entrée pour pouvoir retourner en bas. Elle détestait son père quand il faisait ça, quand il décidait de ce qu'il voulait lui, sans raison logique. Et c'était elle qui devait subir, comme sa mère subissait Ciro tous les jours. Marcelo était tout-puissant sous son toit. C'est lui qui l'avait payé. Soudainement fatiguée, Chiara se laissa aller en arrière et s'allongea à nouveau sur le lit. Elle ferma ses yeux asséchés, épuisés par la lumière qui tapait sur son front. Sans le vouloir, elle s'endormit. Sa mère la réveilla en catastrophe, bien plus tard qu'à l'horaire habituel. Elle dut se préparer en vitesse et maudit son père d'avoir gâché les préparatifs d'une journée aussi importante.

À la même heure, Marcelo et Ciro arrivèrent sur le chantier. Ciro déchargea les outils du coffre. Marcelo le regarda faire. Il respirait fort, soufflait par le nez. Il était tendu. Il ne savait pas pourquoi. En s'installant derrière le volant, il avait senti une raideur dans ses bras et ses jambes. La même que dans la cuisine, lorsqu'il avait arrêté sa fille. Il ne pourrait l'empêcher longtemps de faire ce qu'elle voulait. Ciro avait refermé le coffre et le dévisageait, sans doute depuis plusieurs secondes. Il sortit de sa torpeur et prit la caisse des mains du garçon. Là-haut, sur le toit, le travail chassa rapidement le doute de son esprit. C'était le seul remède efficace aux tourments et aux hésitations. Une manière de se vider la tête, de ne pas pleurer sur son sort. Ciro était d'attaque et avançait à un rythme soutenu, presque celui d'un adulte. Cela lui faisait plaisir. *Heureusement que je l'ai,* pensa Marcelo. La pensée qui suivit fut encore pour sa fille. Il sentait que les ennuis avec elle commençaient et se dit qu'ils ne seraient pas trop de deux hommes pour surveiller cette furie-là.

*

Chiara avait attendu ça.

Pendant tout l'été.

Elle était allée faire les courses avec sa mère pour sa rentrée. La déception. Elle n'avait pas eu le cartable qu'elle voulait. Son père en avait trouvé un en bon état sur un chantier et il était hors de question qu'il dépense un franc supplémentaire d'une manière superflue. Elle avait essayé d'amadouer sa mère, elle pensait que Cecilia céderait, qu'elle contrerait la volonté du mâle de la maison qui gâtait son fils à sa manière. Elle ne s'était pas laissé abattre pour autant. Et aujourd'hui, malgré des préparatifs gâchés par Marcelo, c'était son heure. La rentrée.

L'été tardait à partir, aussi Chiara avait enfilé sa robe préférée. Son père n'aurait sûrement pas voulu qu'elle s'habille comme ça, mais comme il était parti travailler tôt avec Ciro, elle n'eut qu'à convaincre sa mère, sans grand mal.

Elle attendit le bus avec sa mère. Direction Ivry. Là où se trouvait désormais son école. Son lycée. Elles s'installèrent au fond, Cecilia prit la vitre et Chiara balança ses jambes dans l'allée pendant tout le trajet. Elle était pressée d'arriver.

L'endroit ressemblait à une usine. Un gros truc échoué ici. Loin de ce qu'elle s'était imaginé. Sa mère l'embrassa. Elle ne lui rendit pas le baiser, effrayée par tous ces élèves, plus grands qu'elle, agglutinés autour de l'endroit, comme si de rien n'était – le ballet des mobylettes et des garçons lui faisait tourner la tête. Elle pénétra dans la cour. Trop grande et pourtant pleine des mêmes personnes qu'à l'extérieur.

Le professeur commença à faire l'appel. Chiara dut attendre une demi-heure avant d'entendre son nom et de pouvoir marcher vers sa nouvelle classe. Elle vit les autres de près et se rendit rapidement compte qu'ils étaient comme elle. Exactement comme elle. Les mêmes habits, les mêmes manières de fils et de filles de prolétaires. Elle se vit dans quelques années.

Elle s'imagina à quoi elle ressemblait maintenant. Les routes étaient déjà tracées. La projection, infaillible.

Un groupe de redoublants fumaient et sifflaient les filles qui défilaient. Les nouveaux élèves, réunis en file indienne, suivaient sagement leur professeur vers la salle de classe. Chiara passa devant les mauvais garçons. Celui qui semblait le plus méchant d'entre eux, vêtu d'un Perfecto usé parfaitement ajusté à sa taille, lui demanda son prénom. Chiara rougit et ne répondit pas, accélérant le pas tandis que derrière elle fusaient les rires des mâles.

Quand elle entra dans la grande salle de classe, Chiara prit garde à s'installer au premier rang tandis que les autres s'entassaient au fond de la classe. Les pupitres étaient recouverts de messages, gravés ou écrits au stylo sur le bois. Beaucoup de sexes énormes et de messages d'amour primitifs. Le professeur cria à tout le monde de se taire. Un semblant de silence se fit. Il refit l'appel. Chiara créa un coin de vide dans sa tête. Le professeur dut répéter son nom pour la ramener à la réalité. Lorsqu'elle lui répondit « présente », Chiara savait déjà qu'elle ne resterait pas ici longtemps.

*

Un mois plus tard, Chiara était la première de sa classe, laissant les autres loin derrière.

Deux mois plus tard, même les gros durs du fond, ceux qui grandissaient en foyer, étaient devenus doux avec elle. Tour à tour, ils lui avouaient, agneaux, leur amour sur le chemin qui la ramenait chez elle. Chiara les écoutait. Poliment. Sans minauder. Elle les laissait parler, faire leur demande. Ça s'arrêtait là, ils comprenaient d'eux-mêmes.

Un seul ne s'était pas fait jeter. Christian. Le dernier. C'était aussi le plus âgé et le plus beau. Peut-être le plus rusé en matière de séduction. Il avait laissé les autres prétendants se casser les dents, un par un. Lui jouait au type qui n'était pas intéressé mais bavait en secret. Il avait déjà vu Chiara lui jeter des regards, le matin, les rares fois où il venait en classe – en tout cas il se l'était imaginé et croyait dur comme fer à cette attirance supposée. Aujourd'hui, il était venu à l'école spécialement pour tenter sa chance. Il ne doutait pas de sa réussite. C'était le seul qui connaissait les femmes. Pour ses 15 ans, son père l'avait amené rue Saint-Denis et lui avait payé une fille, attendant sur le trottoir, cigarette au bec, qu'elle lui règle son affaire sur la banquette arrière de la voiture familiale.

Lorsque retentit la sonnerie, ce jour-là, Christian bénit le ciel d'avoir mis fin au cours de maths auquel il ne comprenait rien. Il se leva, sortit son peigne de la poche arrière de son jean pour lisser ses cheveux en arrière. Il fit ça soigneusement, en prenant son temps. Le professeur le dévisagea, navré. Il emmerdait ce vieux con et ses chiffres. Il n'avait pas dû baiser depuis des années. Christian n'était pas pressé de quitter la salle de classe. Il savait que Chiara attendrait le bus pour rentrer chez elle. Une fois assuré de sa coiffure, il gagna la sortie et se dirigea vers l'arrêt, en sifflotant.

Quand Chiara entra dans le bus, elle sentit une présence dans son dos, sa main effleura le râpeux de la toile de jean. Elle se retourna sur Christian, qui lui envoya son plus beau sourire. Elle s'excusa, gênée. Elle ne savait pas quelle partie de son corps elle venait de toucher par mégarde et cette crainte fit naître quelque chose au creux de ses cuisses. Elle joua l'indifférente et alla s'asseoir là où il restait de la place.

Christian s'installa sur le siège derrière elle et, pendant tout le trajet, il lui souffla légèrement dans les cheveux, balayant ses oreilles de bas en haut. Elle gloussa, lui demanda d'arrêter en espérant qu'il continue. Il lui chuchota des mots doux dans l'oreille, si bas qu'elle seule pouvait les entendre. Il lui chanta sa beauté avec son accent de pauvre Blanc, évoqua à demi-mot des choses que Chiara ne connaissait pas encore. Des mauvaises choses. Celles auxquelles elle pensait le soir, dans le noir de sa chambre, quand elle faisait jouer ses doigts sur son nombril, attentive à la respiration de Ciro, étalé sur le sol. Ils arrivèrent à Vitry. Chiara descendit du bus sans tourner la tête, Christian la suivit et sauta du marchepied. Dans la rue, il se mit à marcher sur ses talons.

– Pourquoi tu m'évites comme ça ?

Elle resta silencieuse ; il la dépassa pour lui faire face. Elle baissa les yeux et continua sa route.

– Je ne te plais pas ? Réponds-moi...

– Je ne sais pas, répondit Chiara en accompagnant ses mots d'un sourire gêné.

Elle sait déjà y faire avec les hommes, pensa-t-il. Il la savait compliquée mais ne se doutait pas qu'elle serait si difficile à convaincre. Christian avait déjà embrassé une dizaine de filles du bahut et s'était même fait sucer quelques fois dans les toilettes – pour avoir droit à ça il n'avait jamais eu à en faire autant.

Christian continua son laïus de dragueur agressif. Ils arrivèrent dans sa rue sans qu'elle lui eût cédé quoi que ce soit.

– J'habite ici, tu devrais rentrer maintenant, lui lâcha Chiara maintenant pressée d'en finir.

– Je t'accompagne jusque chez toi, lui dit-il, avec une voix de dur.

– Comme tu voudras, souffla-t-elle.

Ils marchèrent en silence. Christian eut la mauvaise idée de prendre la main de Chiara dans la sienne. Comme elle ne trouvait pas ce contact trop désagréable, elle décida de ne pas le repousser. C'est à peu près à ce moment que la Lada conduite par Marcelo les doubla, au ralenti. Ciro, collé à la vitre, reconnut tout de suite Chiara. Il tourna la tête pour voir s'il était le seul, dans la voiture. Non. Marcelo aussi avait repéré sa fille et fronçait les sourcils, ruminant comme s'il avait un morceau de viande coincé entre les dents. Mais il se contenta d'accélérer, comme s'il ne les avait pas vus, dépassa sa fille et son camarade qui marchaient en amoureux.

Marcelo alla garer la voiture dans l'allée devant le pavillon. Ciro attendit que le moteur s'étouffe et que les vibrations cessent. Alors il descendit du break et ouvrit le coffre, comme à son habitude, pour décharger leurs affaires et leurs outils. Sauf que cette fois Marcelo l'arrêta.

– Va chercher Chiara et ramène-la tout de suite à la maison, je m'occupe de décharger.

Ciro le regarda dans les yeux, comme pour savoir ce qu'il entendait vraiment par « ramener ».

– Allez. Dépêche-toi.

Son père détourna les yeux et s'alluma une cigarette, ses doigts lourds sur le papier fin. À contrecœur, Ciro remonta la rue, en direction du jeune couple. Le sang pulsait déjà dans ses bras préalablement engourdis par la journée passée à travailler. Il n'avait pas ressenti pareille adrénaline depuis les bagarres rangées contre les gamins du quartier d'en face. Chiara le vit arriver au milieu de la rue vide. Elle se figea et Christian suivit ses yeux, en se demandant de quoi elle pouvait bien avoir peur. Ciro arriva à leur niveau.

– Pourquoi tu me regardes comme ça ? Qu'est-ce que tu veux ?

Le ton était mauvais, cinglant. Elle voulait le blesser. L'humilier devant Christian en réponse à sa propre humiliation – celle que son père avait causée en ouvrant la porte de sa chambre à un bâtard. Ciro dévisagea Chiara avec un air désolé. Il n'était pas encore jaloux des autres garçons. Il espérait juste qu'elle ne ferait pas d'histoires et qu'elle ne fâcherait pas son père.

– Tu dois rentrer, dit-il à Chiara, sans faire attention à l'autre.

Christian en profita pour jouer le chevalier servant, l'occasion était trop belle. Le rapport de force tellement déséquilibré. Un méchant sourire déforma son visage.

– C'est qui ça ?

– Un emmerdeur, répondit Chiara.

Christian poussa Ciro d'une seule main. Il faisait une bonne tête de plus que lui et était sûr de sa supériorité.

– Dégage !

Ciro ne le regarda pas une seule fois dans les yeux. Il garda les siens dans ceux de Chiara, comme pour la supplier d'empêcher ça, lui expliquer qu'il n'y était pour rien. Il ne voulait pas faire ce qu'il allait faire. Elle l'y obligeait.

Pour Christian, c'était gagné. Il repoussa le gamin une nouvelle fois, plus violemment. Ciro sentit la main, les doigts raidis, s'imprimer sur son épaule. C'était désagréable. Ça brouillait tout dans sa tête, ramenait tout à cette empreinte sur sa peau, comme souillée.

– Tu comprends ce que je te dis, connard ?

Il n'y eut pas de troisième fois. Ciro para le bras et envoya une claque, avec sa main en coquillage, sur l'oreille de Christian. Un violent sifflement vrilla son tympan gauche. Il voulut frapper le petit con en retour mais sentit alors ses jambes se dérober sous lui. L'instant d'après, Christian était par terre, ayant juste le temps de tendre son bras pour ne pas atterrir la tête la première sur le sol.

Ciro savait que ce coup suffisait ; malgré son jeune âge, il connaissait ces choses-là. Il se pencha sur Christian, arma son poing au cas où il n'aurait pas compris. Le collégien cacha son visage avec ses mains et se mit à implorer. Mais Ciro n'avait pas l'intention de le frapper, juste d'évaluer s'il avait son compte ou pas. Il prit alors Chiara par le bras et la tira dans la direction de la maison. Elle ne protesta pas et se laissa traîner, le souffle coupé. Elle se retourna une seule fois, le temps de voir Christian se relever et essuyer péniblement ses paumes sur son jean.

Chiara, encore sous le choc, entra dans la maison silencieuse. Dans la cuisine, le tribunal était déjà réuni. Le père et la mère, assis autour de la table, attendaient la coupable. Ciro s'en voulut de l'avoir amenée ici, où le jugement ne pourrait être qu'indigne. Chiara ne chercha pas à gagner l'escalier pour s'enfermer dans sa chambre. La fuite ne l'aiderait pas. Elle entra dans la cuisine, regarda ses parents dans les yeux. Elle savait ce qui l'attendait mais ne se défilerait pas. Elle ne culpabilisait pas une seconde. Elle n'avait rien fait de mal, ils ne pouvaient rien contre elle. Ciro la suivait, en bon petit chien – on lui expliqua qu'il n'avait rien à faire ici.

– Ciro, tu peux nous laisser ? lui demanda le père.

Ciro hocha la tête et tourna les talons.

– Ferme la porte en sortant.

Ciro s'exécuta et décida d'aller prendre sa douche. À peine arrivé à l'étage, il entendit le ton monter et l'engueulade débuter. Dans la baignoire, il tira le rideau et mit le jet à fond pour ne pas entendre les cris qui provenaient de la cuisine.

Quand Ciro sortit de la salle de bains, il vit Chiara filer dans sa chambre, le visage bouffi de larmes. Il essaya de l'arrêter, de lui parler, mais elle le repoussa et claqua la porte sans lui donner une chance de s'expliquer. Elle refusa de dîner ce soir-là. Ciro mangea seul avec Marcelo et Cecilia. Pas un mot ne fut prononcé à table.

Quand il eut fini, Ciro remercia Cecilia pour le repas et débarrassa son assiette. Il monta ensuite se coucher. Dans la chambre, la lumière était déjà éteinte et Chiara dormait. Ciro tira le matelas de sous le lit. Il s'allongea dessus. Se redressa rapidement. Il s'approcha de Chiara et lui murmura à l'oreille :

– Je suis désolé.

Il retourna à son matelas, en espérant qu'elle l'ait entendu. Il s'en voulait tellement qu'il eut du mal à trouver le sommeil.

Le lendemain, dans le break, sur le chemin du chantier, Ciro sentit que quelque chose tracassait Marcelo. Il avait appris à guetter les détails qui indiquaient un changement d'humeur. Une respiration plus rapide, un souffle plus fort, la chaleur de son haleine… Son père n'était pas dans son assiette, il serrait le volant trop fort, faisant blanchir l'espace entre ses phalanges, rendues difformes par le travail de l'acier. Ciro n'avait jamais le droit aux confessions de l'homme. Il ne se livrait jamais, gardait tout pour lui. Pourtant, cette fois, il parla et Ciro comprit les origines du mal qui l'habitait.

– Je veux que tu surveilles Chiara. Que tu la raccompagnes jusqu'à la maison chaque soir. Je te demande ça comme une faveur. Elle est encore jeune et ne sait pas ce qu'elle fait. J'ai peur qu'il lui arrive quelque chose.

Ciro redoutait qu'il finisse par lui confier une responsabilité de ce genre. Chiara le détesterait sûrement s'il se mettait à l'épier, à la traquer. C'était la dernière chose dont il avait envie. Il voulait qu'elle l'aime. Tant pis. Il ne refusait rien à son père. Après tout, Ciro aussi avait peur pour Chiara. Alors il promit, non sans un certain honneur. Il allait la sauver des hommes autres qu'eux.

Le lendemain, en fin d'après-midi, Ciro quitta le chantier en avance pour se rendre devant le lycée. Chiara, qui marchait jusqu'à l'arrêt de bus avec une amie à elle, ne le vit pas la suivre. Elle ne le remarqua pas non plus resquiller le bus et attendre derrière elle. Il s'assit au fond et garda les yeux braqués sur sa nuque. C'est du moins ce qu'il crut. Quand vint l'arrêt, il attendit qu'elle descende avant de sauter du véhicule, alors que les portes se refermaient. Elle l'attendait sur le trottoir, les bras croisés.

– Depuis quand tu me suis ?

– Je ne te suis pas, se défendit-il minablement.

Elle tourna les talons et prit la direction de la maison. Il resta derrière elle, à deux bons mètres de distance, pour être sûr qu'elle ne pique pas une crise de nerfs.

Désormais, il l'escortait jusque chez elle presque tous les soirs et faisait un compte rendu au père le lendemain dans la voiture, sur le chemin du chantier. Il mentait chaque fois qu'elle rentrait avec des garçons. Elle ne faisait rien de mal avec eux et Ciro ne voulait pas qu'elle soit injustement punie.

*

1974

Avec le temps, et des vacances ennuyeuses passées dans la maison familiale par manque d'argent, Chiara devint plus tendre avec Ciro. Elle avait compris qu'il n'était que le jouet de son père, le surveillant malhabile, prisonnier d'enjeux qui lui échappaient. Un bourreau au service d'une cause plus grande, aux ordres du père.

Chiara s'était habituée à ces filatures maladroites, à voir Ciro à la sortie du collège. Maintenant, elle discutait avec lui sur le trajet du retour. Elle le laissait même s'asseoir à côté d'elle dans le bus une fois ses amies descendues. Il s'installait alors sur le siège, pétrifié, restait droit de peur de la toucher, gardait les yeux braqués devant lui pour résister à l'envoûtement. Elle lui racontait ses journées sur les bancs de l'école, ce qu'elle y avait appris, jusqu'à ce que le bus les ramène dans leur ville. Le temps de descendre et ça recommençait. Dehors, Ciro calait son pas sur celui de Chiara et écoutait attentivement les histoires de professeurs et d'élèves sans tout comprendre – trop timide pour prononcer un mot, trop heureux qu'elle lui adresse la parole.

La vérité, c'est que Chiara gagnait du temps. Du temps pour peaufiner son plan. Son plan pour échapper aux siens et aux autres. Elle se consacrait aux études avec un sérieux monacal. Sa seule porte de sortie. Elle avait un don. En plus de ça, elle était belle ; pas qu'elle se trouvait belle mais elle voyait le regard des autres et c'était cela qui comptait.

À la fin de l'année scolaire, les parents Zaccariello furent convoqués par le professeur principal de la classe, qui enseignait le français. Marcelo le reconnut, il l'avait aperçu à une réunion du Parti communiste à Ivry, à laquelle l'avait emmené un collègue ouvrier. Marcelo avait immédiatement regretté le déplacement ; il avait compris qu'il avait affaire à des imposteurs. Dans la salle, il n'avait vu que des types comme lui, manipulés par d'autres plus ambitieux ou éduqués. Lui savait depuis longtemps que personne ne remplirait sa gamelle à sa place. Tous les autres auraient dû le savoir aussi, ça leur aurait évité de croire, de perdre leur temps et de gaspiller leur salive. À moins qu'ils ne soient pas dupes mais que la vie leur paraisse simplement moins amère en participant à ces assemblées, en faisant semblant d'être forts réunis alors qu'ils ne le seraient jamais. Ce soir-là, seul le professeur avait pris la parole très simplement, sans vociférer, sans se croire investi d'une mission supérieure. Avec modestie, pour que les autres écoutent ce qu'il avait à dire et décident si cela était bon pour eux ou non. Même si Marcelo ne comprenait rien à la politique et ne voulait rien avoir à faire avec elle, l'homme lui avait paru sympathique parce qu'il ne promettait pas la révolution mais seulement quelque chose en plus dans leurs assiettes et dans celles de leurs enfants.

En arrivant dans la salle de classe vide avec sa femme, Marcelo fut soulagé de reconnaître le professeur et de serrer sa main ferme. Il ne se sentit pas jugé et cela le mit en confiance. Le professeur tira des chaises de sous les tables et les invita à s'asseoir. Après quelques banalités d'usage, il confia aux Zaccariello qu'il n'avait jamais eu une aussi bonne élève que Chiara. Une fois de plus, Marcelo eut l'impression qu'on lui parlait d'une étrangère. Le professeur leur expliqua ensuite que si elle restait ici, son potentiel serait gâché. Il prenait ça très à cœur, en parlait comme d'un sujet grave. Il fallait que Chiara aille dans un lycée parisien, là où elle trouverait des élèves à sa hauteur. Ici, ses potentialités étaient condamnées à l'atrophie. Il avait, lui, des contacts dans de prestigieux établissements de la capitale et, au vu des bulletins de notes de Chiara, son admission ne poserait aucun problème. Marcelo ne comprenait pas tout mais il fit immédiatement confiance à ce vieil homme timide qui parlait de sa fille comme si c'était la sienne. Pourtant, on était en train d'expliquer à Marcelo que Chiara ne devait pas rester avec les pauvres, avec les gens simples. Mais le père qu'il était comprit que c'était pour son bien. Pour le jour où elle aurait un fils, pour que celui-ci n'ait pas à aller trimer sur les chantiers et gagner moins que les Français. Devant tant de sincérité, Marcelo décida qu'il obéirait et enverrait sa fille à Paris, à la grande surprise de cette dernière.

Ultime jour d'école avant les vacances. Les élèves avaient déserté en masse le dernier cours, déjà en vacances pour le reste de leur vie. L'air chaud s'engouffrant par les fenêtres ouvertes faisait voleter les feuilles des cahiers. Tous les yeux étaient rivés sur l'horloge. Bientôt la fin. Chiara ne voulait pas que ça s'arrête. L'année prochaine, elle irait finir son lycée à Paris. Grâce à l'homme qui se tenait face à elle, qui avait la défaite inscrite sur son visage et des marques de craie sur son vieux chandail. La sonnerie retentit. La transhumance se fit. Chiara s'approcha de son professeur, occupé à essuyer le tableau. Sans prévenir, elle le remercia pour tout ce qu'il avait fait pour elle. Ses pensées se brouillaient et elle avait du mal à s'exprimer ; elle lâcha tout ce qu'elle avait sur le cœur dans un flot ininterrompu et s'arrêta lorsque les sanglots la brisèrent. Elle pleura et le serra dans ses bras. Le professeur n'osa pas fermer ses bras autour de la gamine. Il la laissa le serrer, le temps que ça s'arrête. Elle finit par s'arrêter, renifla un grand coup et s'excusa de s'être laissée aller comme ça. Elle lui promit de revenir le voir. Au moins de lui donner des nouvelles. Le genre de promesse que la vie empêche, sans réelles raisons, de tenir – sans doute parce qu'elle sait à quel point les retours en arrière sont pénibles. Une fois une année écoulée à dire « je le ferai demain », on sait qu'on a à jamais manqué à sa parole.

Un été passa avant que la vie de Chiara ne change complètement. Litanie d'ennui que ces deux mois à tuer, deux mois qui refusaient de se laisser mourir et s'étiraient dans une lente agonie. Une nouvelle fois, il se déroula en France ; son père travaillait sur un gros chantier et avait une nouvelle fois annulé les vacances en Italie. Ça ne la dérangeait pas, au contraire. Jusqu'ici son plan avait parfaitement fonctionné. Elle avait gagné son indépendance et savourait sa projection parfaite, consommant déjà son triomphe sur ses parents et le monde des adultes. En attendant, c'était son corps qui changeait. Elle prenait des formes. Sa poitrine grossissait de jour en jour, aussi vite que le nombre d'hommes qui se retournaient sur son passage quand elle marchait dans la rue.

Chiara ne pensait pas son père si tenace. Elle ignorait qu'une nouvelle surveillance allait commencer, à Paris cette fois. Elle ignorait aussi que Ciro avait pris goût à ce jeu, qu'elle l'avait habitué aux trajets au fond du bus, à la proximité de son corps… et que pour le garçon, la perspective de poursuivre sa quête dans la capitale était encore plus belle. Il se lasserait pourtant. Plus tard, ces longues filatures se transformeraient en funestes quêtes, d'une douloureuse vérité tapie dans les méandres de son cerveau et qu'il s'efforcerait de faire taire. La voir se matérialiser sous ses yeux lui coûterait par deux fois la souffrance en deux entailles profondes faites à son âme, celle du pressenti et du ressenti.

*

Les lieux étaient grandioses. En arrivant le matin dans son nouvel établissement, Chiara s'était pour la première fois sentie à sa place. Elle méritait d'être là. Un peu intimidée, elle resta en retrait toute la journée, se contenta de répondre poliment aux filles qui lui adressèrent la parole. Les garçons étaient beaux, bien habillés et ils n'avaient pas les manières de voyous de ceux d'Ivry. Chiara but les paroles de ses nouveaux professeurs et espéra que jamais cette journée ne s'arrêterait.

Cet après-midi-là, Marcelo et Ciro étaient aussi à Paris, sur un chantier près des Halles. Le garçon ne connaissait rien de la capitale. Marcelo avait prévenu Ciro dès le matin ; il le laisserait quitter le chantier plus tôt pour qu'il puisse aller chercher Chiara à la sortie. Il ne voulait pas la laisser seule dans Paris. Marcelo avait montré au gamin sa main ouverte, pouce replié.

– C'est la ligne 4. L'arrêt, c'est Vavin.

Marcelo le lui répéta une deuxième fois au moment de partir, lui fourra un ticket dans la pogne et le laissa partir, prêt à accomplir son devoir.

Ciro trouva la bouche de métro sans encombre. Il parvint à se repérer dans les couloirs – il n'avait pas trop de mal à lire les chiffres. Les lettres c'était autre chose. Il descendit au hasard l'escalier qui menait à la rame, sans penser qu'une ligne de métro suivait deux directions. Il se laissa tomber sur un strapontin et ferma les yeux pendant quelques minutes. Il serait bientôt sur place. Dans le doute, il décida de demander à son voisin dans combien de stations le métro arriverait à Vavin. Le passager lui jeta un regard navré et l'informa qu'il avait pris la mauvaise direction. Ciro se mit à paniquer. L'attente jusqu'à la station suivante lui sembla interminable. Il sauta de la voiture alors que le métro était à peine arrivé sur le quai. Il regarda autour de lui. Il n'arrivait pas à déchiffrer quoi que ce soit. Le métro qui venait de le déposer repartit. Il vit alors l'autre quai, celui d'en face, celui où il devait se rendre. La peur d'arriver en retard, de faillir, de décevoir Marcelo... Toutes ces choses se mélangeaient en lui. Il sauta sur la rame et la traversa, sans se soucier du rail électrifié qu'il enjamba par pur hasard. Il entendit des usagers lui hurler des choses. Il se foutait d'être à la merci d'un métro qui surgirait du tunnel dans un bruit d'enfer. À ce moment-là, il n'avait aucune conscience du danger. Il pensait seulement à Chiara.

Ciro se hissa sur le quai d'en face, épousseta ses vêtements et attendit une minute le métro. Son cœur reprit un rythme à peu près normal. Il monta dans une voiture. Cette fois, il était dans le bon sens. Il demanda à nouveau à un passager le nombre de stations qui le séparaient de Vavin. Le type lui montra le panneau des yeux. Ciro dut lui avouer qu'il ne savait pas lire. Le type compta pour lui. « Dix », lui répondit-il. Ciro le remercia alors qu'ils arrivaient en station. À la fermeture des portes, en entendant la sonnerie, il savait qu'une fois qu'il en aurait entendu neuf autres similaires, il devrait sortir. De peur de perdre le compte, il dépliait un doigt à chaque arrêt passé.

Ciro attendait devant le lycée depuis dix bonnes minutes quand la sonnerie, marquant la fin des cours, retentit. Il était essoufflé, la peur d'arriver en retard l'avait fait courir jusqu'ici, dès la sortie du métro, après qu'il eut demandé son chemin à une vieille dame à laquelle il avait sans doute fait peur. Habillé en bleu de travail, les habits recouverts de poussière, il faisait tache au milieu des lycéens tirés à quatre épingles.

Chiara discutait avec ses nouvelles camarades sur le perron de l'établissement. Elle sentit un picotement soudain sur sa nuque, se retourna et chercha le danger du regard. Elle repéra rapidement son faux frère, posté de l'autre côté de la rue, ses petits yeux méchants occupés à scruter les visages avec avidité. Elle s'en était doutée mais ne voulait pas y croire. Ciro la vit à son tour et leurs regards se croisèrent. Il y avait suffisamment de haine dans celui de Chiara pour le figer sur place et le garçon sentit le rouge lui monter aux joues.

Chiara pensait avoir la paix à Paris, pouvoir vivre sa vie sans que ce morveux lui colle aux basques. C'était sans compter sur le tour qu'ils avaient mis au point, lui et son père. Elle salua ses nouvelles amies, les embrassa sur la joue comme on le fait à Paris et se mit en route. Ciro la suivit, à bonne distance. Elle s'engouffra dans la bouche de métro, la même d'où il était sorti quelques minutes auparavant. Ciro descendit les marches derrière elle, prenant garde qu'elle ne le remarque pas. Il la vit entrer un ticket de métro dans le portique et passer un tourniquet. C'était la première fois qu'il en voyait un ; il ne savait pas que ceux-ci faisaient progressivement disparaître les poinçonneurs que lui et son père évitaient quand ils empruntaient le réseau souterrain. Il dévala le reste des marches et, instinctivement, sauta d'un bond par-dessus le tourniquet. Il entendit le métro arriver en station, il courut et réussit *in extremis* à se glisser dans le dernier wagon au moment où la sonnerie retentissait.

Chiara était là, assise sur un strapontin, à l'autre bout du wagon. Il pouvait la voir sans qu'elle le voie. Il tourna la tête, de peur qu'elle ne le remarque. D'instinct, il sut qu'elle ne rentrait pas à la maison. Ciro avait arrêté de compter les stations depuis longtemps lorsque Chiara descendit du métro. Il la suivit, en faisant toujours attention. Dehors, il émergea face à un grand bâtiment, en haut duquel deux anges semblaient le toiser de leur hauteur, lui le petit Italien analphabète. Chiara se mêla à la foule, sur les trottoirs. Ciro traversa au rouge et manqua de se faire écraser par le flot de voitures qui déboulaient de l'avenue de l'Opéra. Ciro continua la filature pendant une dizaine de minutes.

Attiré par les vitrines lumineuses, il essayait de ne pas les regarder, de se concentrer sur sa proie. Mais la tentation fut trop forte et il tourna la tête, se rappelant les fois où, encore enfant dans les rues de Naples, il louchait sur la devanture des pâtisseries. Un coup d'œil sur le théâtre offert par les Grands Magasins et il perdit Chiara de vue. Il en conclut qu'elle ne pouvait qu'être entrée à l'intérieur du magasin. Paniqué, il accéléra la cadence et poussa la porte. Le portier le regarda de travers en voyant ses habits d'ouvrier. Il repéra immédiatement Chiara, elle montait l'escalier mécanique. Cela le rassura. Au moins, elle n'avait pas disparu. Il s'approcha de l'escalier. Il n'en avait jamais vu de si imposant. Intimidé, il laissa plusieurs personnes monter, observant leur façon de faire, avant de s'engager sur le serpent d'acier. Il faillit tomber en arrivant à l'étage, quand ses semelles vinrent racler la terre ferme. Il fut émerveillé par la coupole dorée qui scintillait au-dessus de sa tête. Il avança, se pencha, le buste contre la balustrade, et eut une violente envie de descendre en rappel, suspendu au-dessus du vide. Si seulement il pouvait y avoir un chantier ici... Il se reconcentra et retrouva Chiara, occupée à choisir des vêtements dans les rayons d'un stand. Il se cacha derrière un portant et attendit qu'elle entre dans une cabine d'essayage pour sortir de sa cachette. Il pensa à

Marcelo. Il devait être rentré et quand il verrait que sa fille n'était pas là, il deviendrait furieux. Cecilia accuserait Ciro. La peur de dormir dans la rue ce soir lui donna du courage. Il était décidé à forcer Chiara à rentrer. Et si elle ne voulait pas, alors, il lui ferait mal. Il ressentit un plaisir coupable à cette idée, un plaisir qui ne dura qu'une poignée de secondes. Chiara sortit de la cabine d'essayage. Ciro resta bouche bée. Elle se regarda dans la glace, souleva un pan de sa jupe, lui dévoilant une fesse mate et ferme prisonnière d'une culotte en coton d'écolière. Elle lâcha un sourire dans le miroir, à l'aveugle. Un sourire qui ne pouvait qu'être destiné à Ciro. *Elle m'a vu, elle joue avec moi depuis le début*, pensa-t-il. Il s'avança vers elle, résolu à lui parler.

– Il faut rentrer, Marcelo l'a dit.

Elle ne lui répondit pas, s'admirant toujours dans le miroir, sans doute inquiète de voir s'y réfléchir une beauté de femme, si parfaite pour son si jeune âge. Elle se retourna et lui sourit.

– Qui es-tu pour me donner des ordres ? Tu n'es qu'un rat, un rat qui n'obéit qu'à mon père. Je bougerai d'ici quand j'en aurai envie.

Le vendeur du stand surgit, attiré par la beauté de la gamine. Il se rendait bien compte de sa jeunesse, de l'écart sexuel qui la séparait de lui. Et pourtant il avait envie d'elle.

– Je peux vous aider, mademoiselle ? demanda le bellâtre.

Chiara se mit à rougir, elle ne savait pas quoi dire. Elle se contenta de sourire, flattée par l'intérêt que lui portait le vendeur. Ciro sentit une boule se former dans son ventre. Mais il ne protesta pas et la laissa grandir.

– En tout cas, cette robe vous va à ravir, ajouta le commerçant, en louchant sur sa chute de reins. J'ai ma pause dans quinze minutes, ça vous dirait d'aller boire un café ?

Il fit courir le dos de ses doigts sur le revers de la robe de Chiara. À ce moment précis, Ciro sut ce qu'il lui restait à faire.

Ciro s'avança, frappa le vendeur, en pleine mâchoire, d'une droite sèche – le poing fermé, ses phalanges affûtées dirigées contre lui, contre ses dents. Contre son être tout entier. Les heures passées sur les chantiers, en hauteur, avaient durci ses bras et ses mains, jusqu'à les doter d'une force dépassant celle que pouvait espérer un garçon de son âge. Le vendeur s'effondra, séché dès l'impact. Ciro aurait été incapable de dire combien de temps s'était écoulé avant que les vigiles ne rappliquent ; ça avait sûrement été bref. Mais jusqu'à ce moment, il s'était senti apaisé.

Il n'avait pas fait d'histoires quand les policiers lui avaient passé les menottes. Une fois à l'abri des regards dans la voiture, un des flics lui avait envoyé un coup de poing. Il le menaça, lui dit d'aller foutre le bordel dans sa banlieue mais de ne plus jamais créer de problème ici. Ciro ne répondit rien, ne lui donna même pas la satisfaction de hocher la tête. Son arcade ouverte saigna fort, commençant à tacher le cuir des banquettes. Le policier dut défaire ses menottes pour le laisser maintenir sa main contre son œil et ce fut comme une victoire pour Ciro.

Marcelo vint chercher son fils en pleine soirée, au commissariat du IXe arrondissement. On l'avait appelé chez lui. Il réussit à éviter à Ciro de passer la nuit en cellule. Il expliqua aux policiers qu'ils avaient frappé un mineur. Un mineur qui n'avait cherché qu'à défendre sa sœur, elle aussi mineure, face à un vendeur pervers. L'affaire fut vite réglée.

Dans la voiture, sur le chemin du retour, Ciro resta crispé. Le sang avait coagulé sur son œil et à chaque autre endroit où il avait coulé ; joues, menton, main, vêtements... Mais ce n'est ni ça, ni la douleur lancinante qui lui déchirait le haut du visage depuis plusieurs heures, qui préoccupait Ciro. Il attendait que Marcelo parle. Qu'il lui passe un savon. Mais son père resta silencieux jusqu'au périphérique et attendit de quitter Paris pour lui demander des explications.

– Pourquoi tu as fait ça ?

Ciro, honteux, regarda ses chaussures et répondit :

– Le vendeur, il embêtait Chiara...

Marcelo se racla la gorge, tritura plusieurs fois le pommeau de vitesses sans pour autant se décider à l'actionner. Il hésita avant de diriger sa main vers Ciro. Le môme se crispa, il attendait une claque. Marcelo lui ébouriffa les cheveux, à sa grande surprise.

– Ne t'inquiète pas. C'est Chiara qui a fait une bêtise en venant ici. Merci, mon garçon, d'avoir veillé sur elle jusqu'au bout. Tu as défendu l'honneur de la famille.

Ciro hocha la tête et s'enfonça dans le fauteuil de la camionnette. Il se sentait bien. Il fuyait la ville incandescente. Maintenant, il était en sécurité. Il aurait aimé pouvoir prolonger indéfiniment ce voyage.

Lorsqu'ils passèrent la porte du petit pavillon de banlieue, la maison était plongée dans le noir. L'idée que tout le monde dorme rassura Ciro, car si Marcelo était satisfait de son comportement, il y avait de grandes chances pour que Cecilia lui rappelle qu'il n'était qu'un petit vaurien et qu'elle le maudisse d'avoir un jour franchi cette porte. Marcelo lui souhaita bonne nuit et s'installa dans la cuisine, sans doute pour fumer et boire un verre. Ciro monta à l'étage, prit une douche brûlante et se brossa les dents. Il essuya à peine l'eau sur son corps et entra, frissonnant, vêtu d'un caleçon et d'un maillot de corps mouillés, dans la chambre de Chiara. Il s'installa en silence sur son matelas. C'est là qu'il entendit le bruit. Chiara pleurait.

– Ça va pas ?

Elle ne lui répondit que par d'autres sanglots.

Il se leva du matelas et s'assit sur le rebord du lit de la jeune fille. À quelques centimètres d'elle, il pouvait sentir toute la chaleur dégagée par sa peau.

– Chiara... Chiara, qu'est-ce qu'il y a ?

Machinalement, Ciro lui passa une main fraternelle dans le dos, effleurant sa peau, habillée d'un seul caraco. Le contact de la chair le fit frémir. Il sentit les boursouflures, encore à vif, sous le bout de ses doigts. Il pouvait reconnaître de telles blessures rien qu'au toucher, pour n'en avoir été que trop souvent victime. Des coups de ceinture en cuir, la boucle déformant systématiquement le tracé de la plaie infligée par la seule lanière. Chiara lui parla, pour la première fois :

– Tout ça, c'est à cause de toi.

Il retira sa main, horrifié par sa remarque. S'il n'avait pas frappé ce vendeur, Marcelo n'aurait jamais battu sa fille. Tout ça était donc à cause de lui ? La voix d'enfant chuchota une nouvelle fois dans le noir, un soupir. Une supplique :

– Ne t'arrête pas. Je t'en prie. Ta main. Laisse-la…

Malgré lui, Ciro promena les doigts sur ses plaies, serrant les mâchoires, retenant les larmes qui menaçaient de s'échapper de ses yeux. Cette balade morbide le ramena des années en arrière, quand il en venait à souhaiter ce genre de châtiment car il l'endurait bien mieux que les autres et que le vouloir était une manière de s'en affranchir.

Il se détendit, déplia sa main pour mieux balader la paume à la surface des zébrures, en souhaitant que cela apaise le feu de la blessure. Il compta une demi-douzaine de cicatrices.

– Je suis désolé…

– Chut, ne dis rien, répondit-elle, allonge-toi à côté de moi.

Ciro s'allongea derrière elle, raide, les bras maintenant collés le long du corps. Dans le noir, Chiara chercha ses mains.

– Je veux que tu me serres, que tu me serres aussi fort que tu as frappé ce type, tout à l'heure.

Ciro obéit et serra le corps mince entre ses bras. Il sentit le sang des blessures, qui s'ouvraient à nouveau, suinter sur son torse et ferma les yeux. Ils s'endormirent, épuisés par la violence avec laquelle leurs vies voguaient, condamnées à ne jamais pouvoir s'approcher du rivage.

*

1975

Chiara redoutait ce moment que l'arrivée de Ciro dans la famille et les chantiers de son père avaient pourtant retardé. Mais maintenant que le gosse travaillait et pouvait payer sa part, elles étaient de retour. Les vacances en Italie. Le retour triomphal de ses parents au pays.

Son rêve d'adolescente, c'était d'aller en vacances dans le sud de la France, comme ses copines de Montaigne. Chiara aurait même préféré rester seule à Paris. Sans sa mère, elle pourrait se balader toute la journée dans la ville vide, au milieu des touristes. Elle aurait même été prête à se rendre à l'école deux mois de plus. Mais les quatre Zaccariello, bande recomposée, se rendirent bien à Naples cet été-là, pour revoir la « famille ». Cette notion avait toujours paru absurde à Chiara ; son père et sa mère n'avaient plus de parents encore de ce monde. La « famille » englobait donc chaque fois de nouvelles personnes, appelées oncles, tantes, cousins, sans qu'elle sache s'ils étaient des gens auxquels ils étaient liés par le sang, de vrais amis ou bien de simples connaissances.

Chiara ne supportait pas le long périple en voiture, dans la Lada bruyante ; voyage interminable dans la promiscuité, la sueur et la mauvaise haleine de tous les passagers, avec pour seule consolation la possibilité de se dégourdir les jambes et d'aller uriner toutes les quatre heures, le temps pour sa mère et elle de se faire reluquer par les camionneurs venus accompagner leur café d'une goutte d'alcool sur une aire de repos.

Et ensuite ce serait la ville, pauvre, sale et bruyante – là où les gens riaient fort de leur misère. Le spectacle était rendu encore plus pénible par le rôle de ses parents – de sa mère en particulier – qui jouaient aux riches, aux Français qui avaient réussi. Ils débarquaient les bras chargés de cadeaux, pour lesquels ils s'étaient ruinés en secret et faisaient semblant. Alors qu'à Paris, ils étaient pauvres. Pauvres en argent et en culture – le temps d'un été ils devenaient les pathétiques figurants d'un décor Potemkine.

Cette année-là, ce qui ajouta au dégoût de Chiara, c'était de sentir Ciro trépigner comme un chiot sur l'étroite banquette de la voiture. Il ne lui avait jamais dit d'où il venait exactement, mais il parlait le même dialecte qu'eux et ça voulait tout dire. Cet été, Ciro retournait chez lui. Il essayait pourtant de dissimuler son excitation. Mais il n'y parvenait pas – d'ordinaire si austère, il ne tenait maintenant plus en place. C'était la première fois que Chiara le voyait impatient, attendre quelque chose de la vie. Déjà qu'il lui avait volé ses parents, elle supportait mal de le voir apprécier davantage les vacances qu'ils lui offraient.

La famille débarqua, dans un petit appartement loué au prix fort, en bordure du centre-ville. Les parents avaient un statut à tenir et devaient éviter les hauteurs de la ville, réservées aux pauvres, même si cela devait sérieusement entamer leurs maigres économies. Ils étaient français, après tout.

Ciro était heureux. Heureux de revoir la ville, de se promener dans ses rues. Il avait moins l'habitude du port que celle des sales quartiers, de la Scampia où les pauvres vivaient maintenant, depuis que les grands bâtiments existaient. Là où la mort n'était pas chère. Il voulait pourtant retourner chez lui. Dans la voiture, il s'était imaginé mille fois son arrivée, éclatante, accueilli en prince par ses amis – gamins des rues comme lui qui devaient le croire mort. Mais une fois sur place, il repoussa sa visite. Il avait honte de sa nouvelle vie, de sa chance injuste. Il n'était pas le meilleur de ses camarades, pas le meilleur des enfants du foyer. Il s'était enfui et avait eu droit à mieux. Lui, le voleur. Pourquoi ? Il ne voulait pas voir l'interrogation dans les yeux de ses amis. Et s'ils l'avaient oublié ? Il se rendait compte que c'était dur de retourner là où on avait des souvenirs.

Ciro passa ses journées seul, à se balader dans la ville ou à se rendre à la plage, mais évita soigneusement son quartier d'origine.

*

Depuis leur arrivée à Naples, Chiara restait à la maison, avec ses parents. Elle ne voulait pas suivre Ciro dans ses excursions et se contentait de sa chambre, cachée de la morsure du soleil, où elle relisait les quelques livres qu'elle avait eu le droit d'emporter. Ciro trouvait cela idiot ; il l'invitait chaque jour à visiter la ville. Il lui expliquait que même si cela ne lui plaisait pas, ça ferait au moins passer le temps. Elle refusait toujours et Ciro ne comprenait pas comment elle pouvait préférer Paris à ici, et comment elle pouvait être aussi têtue.

Affalée dans un fauteuil du salon, que le propriétaire avait recouvert d'une étole pour cacher les trous dans le tissu, elle feuilletait un roman à la couverture abîmée par les mains des lecteurs précédents. Elle l'avait sûrement acheté sur les quais, chez le bouquiniste où elle se fournissait souvent après les cours. Ciro la suivait suffisamment souvent pour connaître ses habitudes sur le bout des doigts. Les parents faisaient la sieste. Ciro était rentré tôt à la maison cet après-midi-là, épuisé par la chaleur. Il était aussi rentré parce qu'il avait une proposition à faire à Chiara. Il voulait l'emmener se baigner. Il attendit que les parents disparaissent dans la chambre pour se lancer. Il fit sa demande. Elle leva les yeux de son livre et attendit de s'y replonger pour lui avouer qu'elle ne savait pas nager. Elle en avait honte, il le savait. Il avait surpris des conversations entre elle et ses parents. C'était sur cette faiblesse que comptait Ciro. Il ne se moqua pas d'elle et lui demanda, en prenant d'infinies précautions pour cacher sa joie, si elle voulait qu'il lui apprenne. Il ne savait peut-être pas lire, n'avait jamais été à l'école, mais connaissait tout ce qu'on apprenait dans la rue, quand on avait grandi dans un port, quand l'une des villes les plus vicieuses et les plus belles d'Europe vous avait donné son sein.

Chiara fit semblant d'hésiter, pour ne pas perdre la face, et finit par accepter la leçon promise. Il lui proposa de lui apprendre dans la baie de Naples. Elle lui rétorqua que c'était trop sale et qu'elle préférait renoncer plutôt que de tremper un orteil dans l'eau qui pourrissait, prisonnière de la baie. Cette réponse n'aurait pas pu le rendre plus heureux. Il se doutait qu'elle refuserait la baie ; à vrai dire, il l'espérait même. Il voulait l'emmener hors de la ville, lorsque le jour naissait, sur la côte amalfitaine. Ils iraient demain, si son père le voulait bien.

Ciro dut demander la permission à Marcelo d'emmener sa fille. Il accepta à la seule condition qu'il ne la quitte pas des yeux et qu'ils soient de retour pour le déjeuner. Cela ne leur laissait pas beaucoup de temps.

Le matin, ils faillirent manquer le premier train car Chiara n'arrivait pas à se réveiller. Le trajet, de la station Garibaldi à Sorrente, fut un enfer pour Ciro. Chiara n'arrêtait pas de se plaindre, regrettant de s'être levée si tôt pour apprendre une chose si idiote. Après tout, il n'y avait pas la mer à Paris, disait-elle, alors à quoi bon apprendre à nager ? Elle menaça plusieurs fois de s'arrêter en route, de descendre à la prochaine station, pour faire le chemin en sens inverse et rentrer à Naples. Ciro mourait d'envie de lui mettre une claque. Il serra les dents et encaissa ses gamineries sans rien dire.

Ils arrivèrent à Sorrente sur les coups de 10 heures. Ciro guida Chiara de la gare jusqu'à une petite crique qu'il connaissait. Sur le chemin, Chiara marcha plusieurs mètres derrière lui, traînant les pieds. Pour se venger, il lui glissa une petite phrase, sans se retourner :

– En fait, tu as peur…

– Qu'est-ce que tu as dit ? lui demanda-t-elle, alors qu'elle avait parfaitement entendu.

– Rien, rien, lui répondit-il, content de lui.

Cela suffit à lui faire accélérer le pas. Ils arrivèrent face à l'eau. L'endroit était désert. Ils se déchaussèrent et marchèrent sur le sable, que le soleil endormi n'avait pas encore rendu brûlant. Ciro retira son maillot de corps. Il surprit le regard de Chiara sur les muscles de son torse, qu'il savait parfaitement dessinés. Le jeu des regards s'inversa rapidement, lorsqu'elle fit passer la petite robe en coton qu'elle portait par-dessus sa tête.

– J'ai froid, lui dit-elle, en dévoilant un corps parfait, en maillot de bain.

Des seins déjà formés, hauts et fermes, comme sculptés dans du bronze, des fesses rebondies, qu'il s'empêcha de regarder trop longtemps quand elle jeta sa robe sur le sable. Elle s'avança vers la mer. Il posa les serviettes et la suivit.

Ils pénétrèrent dans l'eau tiède. Ciro regardait l'horizon pour éviter de dévorer des yeux le corps de sa sœur. Il avait la sensation qu'on lui avait fait cadeau de ce matin calme et de cette bande de terre déserte. Il dit à Chiara d'avancer encore un peu et de se mettre sur le ventre.

– Mais je ne sais pas nager, protesta-t-elle.

– Je suis là. Fais-moi confiance. En plus, tu as pied ici.

Elle se mit sur le ventre et Ciro passa immédiatement une main sous son corps pour l'empêcher de boire la tasse.

– Maintenant, remue les jambes.

Elle s'exécuta maladroitement, faisant jaillir des gerbes d'eau de la surface.

– Calmement, voilà, comme ça.

Il se rendit compte qu'ils avaient atteint la limite où ses pieds touchaient encore le sable. L'eau lui arrivait au menton. S'il l'abandonnait là, elle se noierait. Cette pensée le fit frémir. Elle ne se rendait compte de rien, trop concentrée sur le mouvement de ses jambes.

– Maintenant bouge tes bras, fais des cercles.

Elle mit un peu de temps avant d'en faire de convenables.

– Je vais te lâcher.

– Non, non, je vais mourir si tu me lâches, protesta-t-elle en riant.

Il lui sourit et répondit :

– Reste calme, respire, concentre-toi et ça ira.

Il était persuadé qu'elle n'y arriverait pas. Tout ce qu'il voulait, c'était lui donner confiance. Pour une première, c'était déjà pas mal. Il lui dirait à peu près ça. Elle lui ferait un sourire – il se sentirait tout-puissant. Ils devraient revenir à nouveau tous les deux ici pour qu'il l'entraîne. Le rituel s'installerait. Ils iraient se sécher au soleil avant de rentrer par le train, pour déjeuner. D'ici à la fin de l'été, elle saurait peut-être barboter. L'idée qu'il puisse régulièrement s'isoler avec elle emplissait déjà Ciro de joie.

– Tu es prête ? Je te lâche !

Chiara se mit à pousser des hurlements de triomphe. Elle parvint à nager du premier coup.

– Ciro, j'y arrive !

Alors Ciro sut qu'il voyait cette plage pour la dernière fois des vacances et se demanda pourquoi diable cette fille réussissait toujours tout. Il comprit que la vie était ainsi faite et qu'une femme n'avait pas besoin d'un garçon pour avancer. Il plongea quelques secondes, ferma les yeux en dessous. En remontant à la surface, il passa la langue sur ses lèvres. L'eau ne lui avait jamais semblé aussi salée. À voir Chiara, il se dit qu'elle devait avoir un goût sucré pour d'autres.

La matinée touchait à sa fin. Il n'avait pas de montre mais il le savait. Il dit à Chiara de se hâter ; ils allaient être en retard pour le déjeuner. Elle voulait continuer à nager, criait à chaque mètre qu'elle parcourait en flottant.

Dans le train du retour, Ciro posa sa tête contre la vitre et regarda le paysage. Chiara, heureuse, jouait un air imaginaire du bout des doigts, qui couraient sur l'appuie-tête du siège d'en face.

– À quoi tu penses ? lui demanda-t-elle.

Ciro tourna la tête, surpris qu'elle lui ait adressé la parole.

– À rien.

Il reposa sa tête sur la vitre.

– Tu as toujours l'air de penser à rien. Tu es triste ?

– Non, pas quand je pense à rien.

Il avait pris soin de bien garder sa tête contre la vitre en lui répondant, afin qu'elle ne voie pas les larmes dans ses yeux.

– Tu es bizarre, Ciro.

Il l'avait pourtant été moins, ce matin, dans un autre train qui effectuait le chemin inverse.

– Laisse-moi.

Il aurait voulu être loin, très loin d'elle. Mais il sentait son genou contre le sien et le dégoût que lui inspirait ce contact des chairs.

– En tout cas, ce n'était vraiment pas compliqué. Je n'avais pas besoin de toi. J'aurais pu apprendre à nager toute seule.

– Tu n'as besoin de personne, Chiara. Alors de moi…

Le train arriva et ils furent à l'heure pour le déjeuner – du poisson grillé avec des tomates. Ciro finit son assiette et demanda la permission de quitter la table.

Il sortit. Ne plus rester avec la famille lui fit le plus grand bien. Ciro marcha dans les beaux quartiers en fumant des cigarettes. Il acheta même une pâtisserie aux amandes, qu'il mangea sur un banc. C'était la première fois qu'il en mangeait une entière. La première fois où il en achetait une aussi, avec de l'argent honnêtement gagné. Cela lui rappela le temps où il volait, pour ensuite partager, jusqu'à ce qu'il ne lui reste que les miettes, avec la dizaine de gamins des rues qui l'accompagnait sans cesse. À cet instant, ils lui manquaient, tous autant qu'ils étaient – petits rats attirés par ce qui brillait. Il devait retourner chez lui.

La veille du départ, il se décida. Ciro se rendit à Scampia, le cœur serré à mesure qu'il se rapprochait des rues de sa vie d'enfant. Il trouva le quartier changé ; partout s'élevaient des blocs d'immeubles, là où autrefois il n'y avait que des petites maisons biscornues dont on louait les chambres à la semaine. Partout, il trouva des adolescents, plus vieux que lui, habillés de jeans et de costumes de lin, qui vendaient de la drogue. Ils parlaient fort, se sifflaient et se bousculaient tandis que défilaient de temps en temps des êtres filiformes venus acheter la mort à bas prix. Au détour d'une rue, Ciro crut reconnaître au loin quelques gars qu'il connaissait. Assis sur des scooters volés, ils plaisantaient entre eux et sifflaient les rares filles en robe qui passaient. Ciro fit quelques mètres supplémentaires. Il n'avait maintenant plus aucun doute, c'était bien eux. Giorgio le Frisé, Gianpaolo, et Massimo qu'ils surnommaient le Cyclope parce qu'il avait eu un œil crevé d'un coup de couteau, par un des types de la Marianella à l'époque où ils étaient en guerre contre ce quartier. Il n'avait qu'à traverser la rue pour les toucher. Pour les prendre dans ses bras. Pourtant, Ciro tourna les talons et accéléra le pas une fois ses amis derrière lui. Il avait de la peine pour eux, de la honte pour celui qu'il était devenu. Demain, il rentrait à Paris… alors pourquoi faire semblant ?

*

Dimanche. Les Italiens partaient en territoire ennemi. Des Napolitains, des Siciliens et quelques Tunisiens qui venaient d'arriver en France. Ils étaient une vingtaine à s'être donné rendez-vous derrière la gare, le long des voies. Chaînes de vélo, bâtons, de bois ou d'acier, de toute taille – tout était bon pour briser les côtes et marteler la peau. Ciro n'avait pas d'arme à la main. Il utiliserait ses poings lourds. Il gardait cependant un tournevis dans sa chaussette, en cas où il se retrouverait au sol, pour pouvoir poignarder les mollets et éviter les coups de pied de ses assaillants. Il avait doublé tous ses habits, portait un gros bonnet de laine – il avait les cheveux trop courts pour que ceux-ci protègent son crâne. C'était au tour des ritals de se déplacer. Une fois au complet, la petite troupe se mit en marche. Ciro avait rejoint la bande sur les conseils d'un voisin qu'il croisait les jours de marché, quand Cecilia l'envoyait récupérer ses courses chez les commerçants. Il n'en faisait pas vraiment partie. Il connaissait tous les gars de vue mais ne les fréquentait pas. Il venait seulement quand il avait envie de se battre.

Aujourd'hui, ils se rendaient au foyer Sonacotra pour affronter les Algériens. Dans le fond, Ciro n'avait rien contre ses adversaires. Comme les autres d'ailleurs. Ils partageaient presque tout. Ils n'avaient pas le même Dieu et alors ? Mais il fallait bien exercer sa haine sur quelqu'un, alors les enfants des pauvres se battaient entre eux pour passer le temps. Banlieue rouge. Du sang qui s'échappait des visages. Des gamins à la violence adulte. La plupart y avaient été habitués par leurs pères.

Devant les blocs gris construits pour accueillir les derniers immigrés. Ciro connaissait ces bâtiments, il y avait travaillé avec son père l'année passée. Les petits Arabes les attendaient, armés eux aussi. Ils étaient à peu près le même nombre, ils avaient respecté l'accord. Les Italiens s'alignèrent face à eux, à une dizaine de mètres. Un contre un, au moins au début. Ciro choisit un gamin grand et maigre. Un Kabyle. Il les savait plus coriaces – ces fils de montagnards, aux traits anguleux et aux physiques secs, étaient des combattants redoutés par la bande. Celui-ci avait le regard éteint. Le même que celui de Ciro. Déjà mort. Ciro le détailla encore et sourit. Le Kabyle avait un nez aquilin. Ciro savait qu'il le lui casserait aujourd'hui. La boule dans son ventre était sur le point d'exploser. Son sexe se courbait dans son slip – la toile du jean serré l'empêchait de bander complètement. Il repensa à ses amis d'enfance. Ceux qu'il n'avait pas osé retourner voir. Cet affrontement inutile, c'était une manière de les honorer, de se rapprocher d'eux.

Les insultes dans les langues incomprises firent place au bourdonnement du silence. Les deux bandes se défiaient du regard pour la dernière fois. Un cri de guerre fusa. Ciro se mit à courir vers son adversaire, la tête la première. Il baissa un peu plus le front avant de lui rentrer dedans et entendit l'os de son nez céder.

L'arrivée de la police mit fin à l'affrontement. Tous se carapatèrent en vitesse en entendant les sifflets. Ciro rentra chez lui le corps couvert d'ecchymoses. Mais il ne saignait pas et, mis à part un léger bleu sur sa pommette gauche, rien n'indiquait qu'il s'était battu. Il prit soin de garder ses mains écorchées dans ses poches et lava les plaies dans la salle de bains. À table, personne ne sembla remarquer ses jointures à vif et Ciro mangea avec appétit, le corps engourdi par l'effort, par les coups donnés et reçus, sa conscience délicieusement assoupie. Il quitta la table le premier, direction son vieux matelas élimé, ce soir compagnon de fortune. Jamais sommeil ne s'était annoncé si bon. Il sombra.

L'écho. Son prénom, répété par une voix familière. Il ouvrit les yeux d'un coup, Chiara le secouait.

– Ciro !

Il ne l'avait même pas entendue entrer dans la chambre. Depuis combien de temps dormait-il ? Chiara était complètement paniquée. Elle était à genoux sur son matelas, tremblante.

– Qu'est-ce qu'il y a ?

Elle voulait parler mais n'arrivait pas à assembler les mots.

– Je... Je... Je ne sais pas ce que c'est...

Chiara lui prit la main et la porta entre ses cuisses. Ciro voulut la retirer mais elle voulait qu'il aille voir. Ses doigts rencontrèrent quelque chose de visqueux, d'odorant. Il ne voyait rien dans le noir. Il ramena les doigts à son nez. Il sentit le sang. Il connaissait l'odeur par cœur. Mais ce qu'il avait entre les phalanges était plus liquide et dégageait une autre odeur. Celle-ci lui était inconnue. Elle lui rappela vaguement les relents du port les jours de grosse chaleur.

– Tu saignes, lui dit-il.

Elle étouffa un cri, fit descendre une main tremblante jusqu'à l'hémorragie, écarta légèrement ses cuisses. Ciro devina ses mouvements dans l'ombre et se toucha le sexe, pour être sûr que le sien n'avait pas été coupé. Chiara se mit à pleurer. Elle était maintenant femme.

*

1976

À 16 ans déjà, si l'on se référait à la date de naissance inscrite sur ses papiers, Ciro était capable de travailler seul. Cela permettait à Marcelo d'accepter deux chantiers à la fois, son protégé autonome pouvant parfaitement prendre sa place. Ainsi, ils ne passaient plus toutes leurs journées ensemble et se retrouvaient seulement le soir à la maison.

Ciro travaillait à la construction d'une tour, dans le sud de Paris. Il aimait ce chantier, le plus haut sur lequel il avait jamais travaillé jusqu'ici. Il était fier d'être le plus jeune ouvrier présent sur le site. Et pour ne rien gâcher, il n'était pas loin de la maison et rentrait rapidement au chaud une fois son labeur terminé. Ce matin, il était le premier sur les lieux. Rien d'étonnant. Il partait toujours en avance, pour préparer son matériel avant que les gars arrivent. Ça lui permettait de gagner un temps précieux ensuite. Il aimait savoir que tout était à sa place, ne pas perdre de temps à chercher ou à réfléchir une fois l'ouvrage commencé. Il aimait aussi avoir le site pour lui tout seul, avant que celui-ci ne se remplisse au cours de la journée, piétiné par les chaussures de sécurité de dizaines d'ouvriers.

– Salut.

Ciro se retourna, surpris. L'ouvrier avait grimpé l'échafaudage et Ciro, trop concentré sur ce qu'il faisait, ne l'avait pas entendu. C'était un jeune homme ; un beau garçon, aux cheveux longs, plaqués en arrière, avec des yeux sombres et un visage d'acteur. Ciro le jaugea du regard.

– Qu'est-ce que tu veux ?

– Je suis le nouveau…

Le jeune homme s'arrêta net, pris d'une question irrésistible à laquelle il avait besoin de répondre avant de poursuivre les présentations.

– Tu… tu es italien ?

Ciro acquiesça, vexé que cela se voie tant que ça. Le jeune homme lui sourit et parla dans sa langue :

– Moi aussi. Je m'appelle Marco.

Entendre parler italien, même si ce n'était pas son dialecte, réchauffa Ciro, qui se présenta à son tour et s'avança pour lui serrer la main.

– Moi, c'est Ciro.

Marco lui mit une tape sur l'épaule et rit.

– Je m'attendais à passer une journée de merde. Au moins j'ai trouvé un camarade…

Ciro n'était pas bavard et peu enclin à se mélanger aux autres. Pourtant, il partagea ce midi-là un sandwich avec son nouveau collègue, assis sur une poutre d'acier. Marco avait une dizaine d'années de plus que Ciro. Il lui raconta qu'il était génois. Il était arrivé en France avec sa famille, quinze ans plus tôt, et avait gardé peu de souvenirs de son pays d'origine. Il habitait à Alfortville, pas très loin de chez la famille Zaccariello. Ciro resta là à l'écouter parler. L'autre aimait bien ça et était franchement rieur. Il ne lui posait pas de questions, ne lui demandait rien. Il ne faisait que raconter des histoires et Ciro appréciait ça. Ils retournèrent travailler et Marco vint à nouveau discuter avec Ciro au milieu de l'après-midi, le temps de fumer une cigarette. Il lui demanda ce qu'il allait faire de son week-end. Ciro lui répondit qu'il travaillait – Marcelo avait accepté de faire des travaux chez un de leurs voisins. Marco le plaignit ; lui se reposerait et irait draguer des filles, pendant ce temps-là. Marco promit de lui raconter comment serait celle qu'il aurait réussi à mettre dans son lit.

À la fin de la journée Marco proposa à Ciro de le raccompagner ; il avait une voiture et pouvait le déposer là où il voulait. Mais Ciro devait quitter le chantier plus tôt pour aller chercher Chiara à la sortie de l'école. Alors il refusa la proposition, sèchement, sans s'expliquer. Marco n'insista pas, plaisanta même :

– Tu rejoins une fille ? J'espère qu'elle est très belle pour que tu abandonnes ton ami.

Cela fit rougir Ciro, qui protesta dans sa barbe. Oui, elle était très belle, cette sœur qui n'en était pas vraiment une. Ils se quittèrent sur ces mots et se donnèrent rendez-vous lundi, sur le chantier.

*

Le voisin s'appelait Georges. Le voisin n'aimait pas les immigrés, enfin si, il les aimait quand ils refaisaient sa toiture pour un prix qu'un bon Français n'aurait jamais accepté. Il voyait Marcelo charger et décharger ses outils de son break tous les jours. Son toit était dans un sale état et il ne voulait pas trop dépenser pour sa réfection. Il avait proposé à Marcelo un prix dérisoire et ce dernier avait accepté.

Ce dimanche, les Zaccariello se levèrent de bon matin et traversèrent la rue. Georges les attendait sur le pas de sa porte, en robe de chambre. Il ne les invita pas à entrer malgré le froid, ne leur proposa même pas un café. Il leur montra l'échelle, couchée sur l'herbe du petit jardin, d'un mouvement de menton bourré de mépris, puis disparut à l'intérieur. L'échelle était gelée et Ciro sentit le froid des barreaux infiltrer ses doigts et se propager partout – les matins de mars étaient encore frais. Ciro et Marcelo rentrèrent chez eux le temps du déjeuner – savourer un plat chaud concocté par Cecilia leur fit le plus grand bien. Après un café serré, ils retournèrent chez le voisin. Marcelo espérait bien finir aujourd'hui pour ne pas y retourner la semaine suivante. Georges finit par sortir de chez lui. Boudiné dans un costume de laine trop étriqué, il était accompagné de sa femme, au moins aussi laide que lui. Ils quittèrent la maison sans un regard pour les ouvriers au-dessus d'eux et montèrent dans leur voiture, garée en face. Ciro regarda son père et vit son œil humide lui renvoyer un sourire – lui non plus ne les aimait pas, ces gros porcs et leurs fausses manières de bourgeois alors qu'ils n'étaient que des prolos. L'après-midi se réchauffait, le soleil commençait à curieusement taper. Ciro retira son pull et fut surpris de découvrir son tee-shirt si humide. Il reprit le travail. Il s'arrêta seulement pour essuyer son front dégoulinant. Il la vit alors. Maigre comme un clou, le visage recouvert de boutons gorgés de pus. Marion, la fille de Georges. Il l'avait déjà croisée dans le quartier. Il la trouvait sinistre. Depuis combien de temps était-elle plantée là, à les regarder ? Ciro détourna les yeux.

Tout le reste de la journée, Marion multiplia les allers-retours devant l'échelle. Quand Ciro et son père redescendirent pour souffler un instant, Marion surgit dans le jardin, un plateau à la main sur lequel reposaient deux verres et une carafe pleine de citronnade. Ils ne pouvaient pas refuser, trop touchés par l'attention de la gamine. Elle servit la boisson. Ils la remercièrent et burent debout, sans rien dire. Ciro descendit son verre d'une traite. Marcelo ne put s'empêcher de rire lorsqu'il vit Marion se précipiter pour remplir à nouveau le verre vide de Ciro. Ciro la remercia plusieurs fois, gêné par tant de dévouement. L'adolescente semblait aux anges.

Ils travaillèrent vite. À son retour, le voisin regarda les travaux accomplis d'un air méprisant. Il leur dit qu'il les paierait dans la semaine. Marcelo lui jeta un regard mauvais, pas parce qu'il avait besoin de cet argent – une misère par rapport au travail abattu – mais parce qu'il lui avait menti. Alors Marcelo hocha la tête mais refusa de lui serrer la main.

Ils rentrèrent, en silence. Marcelo, pris dans ses pensées, étouffa un rire au moment d'ouvrir la porte du pavillon.

– Quoi ? demanda Ciro.

– Rien, on dirait que la petite t'aime bien, répondit son père.

Ciro souffla, ce qui fit rire Marcelo pour de bon. Ciro ne dit rien. D'ordinaire, il se serait senti vexé par une remarque pareille, il n'avait aucun humour et n'aimait pas qu'on le taquine. Mais pas cette fois. Il était content de voir son père comme ça, lui qui était d'ordinaire si maussade.

*

Ciro retrouva le chantier parisien et dut endurer la compagnie de Marco. Ce dernier lui raconta les exploits sexuels de son week-end ; ça n'intéressait pas Ciro qui continua à travailler, souriant seulement à une ou deux de ses plaisanteries. Ce matin, la présence de Marco le dérangeait. Il aurait aimé retourner sur le toit du voisin, parce qu'il était seul avec Marcelo, que tout avançait à son rythme. En bas, la voisine lui témoignait de l'affection. Certes, elle n'était pas belle comme celles dont parlait Marco, mais c'était la première fois qu'une fille regardait Ciro de cette façon. En y repensant, il se rendit compte aussi que, pendant le week-end, il n'avait pas eu à surveiller Chiara. Il n'avait pas eu à regarder d'autres hommes la regarder, il n'avait pas dû subir ce supplice – qu'il minimisait en se disant qu'après tout il s'en foutait de cette gamine capricieuse. Il n'avait ressenti aucune tension, en paix sur le toit du voisin, à faire son travail et à ne penser à rien d'autre, avant de boire une citronnade fraîche pour chasser le goût de la poussière. La journée passa lentement et, comme à son habitude, Ciro se hâta de quitter le chantier pour recommencer sa pénible besogne de chaperon.

Il arriva devant les grilles du lycée à l'heure. Chiara n'était pas encore sortie.

– Alors, c'est là qu'elle se cache ?

Il reconnut la voix chantante dans son dos et se retourna. Marco était là, les cheveux luisants de Gomina, le sourire étiré jusqu'aux oreilles. Il l'avait suivi.

– Tu n'es pas content de me voir ? On dirait que tu fais la gueule…

– Non, non, lui répondit Ciro, maudissant intérieurement son nouvel ami.

Il ne souhaitait qu'une seule chose à ce moment-là ; qu'il disparaisse. Il aurait tout donné pour ça.

– Qu'est-ce que tu fais ici ?

– Je viens chercher ma sœur.

Il sut à ce moment précis que ça finirait mal – pas pour lui, qui avait le cœur qui saignait depuis la petite enfance, mais pour Marco qui ne comprenait pas le sens sacré qu'avaient Chiara et toute la famille Zaccariello pour lui.

Chiara repéra Ciro en sortant. Ciro aurait souhaité qu'elle joue le même jeu que d'habitude, qu'elle fasse mine de ne pas le voir. Mais cette fois, elle décida de ne pas le fuir. Elle s'approcha et se planta face à lui, bouffant Marco des yeux.

– Bah alors, tu ne me présentes pas ?

Ciro n'en eut pas le temps. Marco s'approchait déjà de Chiara pour lui parler, souriant de toutes ses dents. Il se présenta, lui dit qu'il était enchanté de faire sa connaissance et qu'il ignorait que Ciro avait une sœur aussi belle.

– On doit rentrer, coupa Ciro.

– À bientôt, Marco, enfin j'espère, lâcha Chiara au beau jeune homme.

Ciro ne prit pas la peine de saluer son ami et la tira par le bras. Ils s'en allèrent, elle se retourna une dernière fois pour sourire à Marco. Dans le métro, Ciro ne parvint pas à desserrer les mâchoires. Il savait que Marco plaisait à Chiara. Les sentiments de trahison et de jalousie se mélangeaient dans son estomac, sans qu'il fût capable de les discerner. Ciro dut se retenir pour ne pas dire à Chiara que si elle cherchait à revoir Marco, il la tuerait. De ses mains.

Le lendemain, Marco n'était pas sur le chantier. Ciro travailla avec la boule au ventre, il avait un mauvais pressentiment. Quand vint le moment de retrouver Chiara, quand la sonnerie retentit devant l'imposante bâtisse, l'angoisse disparut. Il l'attendit devant, adossé aux grilles qui recouvraient les fenêtres. En vain… Chiara ne se montra jamais. Elle n'était pas allée à l'école. Ciro savait que Chiara séchait de temps en temps les cours, il la couvrait même les rares fois où elle le faisait. Il ne savait pas, en revanche, où et avec qui elle était à ce moment-là. Il avait bien une idée et elle le faisait souffrir. Ciro prit le chemin du retour, seul, sonné, le cœur lourd d'un sentiment d'abandon qu'il croyait avoir laissé derrière lui.

Rentré à la maison, Ciro fut surpris de trouver Chiara occupée à dresser la table. Elle semblait trop sage pour être normale. Il essaya de la sonder mais elle l'évita, plus fuyante que jamais. Elle préparait un mauvais coup, le gamin aurait pu le jurer. La famille dîna à l'heure et Ciro surveilla sa sœur du coin de l'œil durant tout le repas. Chiara monta se coucher une fois son assiette terminée, prétextant un mal de ventre. Cela ne fit que conforter les soupçons de Ciro. Cecilia la suivit une fois la vaisselle faite. Ciro et Marcelo veillèrent, buvant du vin dans la cuisine en évoquant le travail sur leurs chantiers respectifs à voix basse. Avant qu'ils aillent se coucher, Marcelo demanda à Ciro d'aller jeter les ordures. Ciro obéit. Dehors, en maillot de corps, il se dirigea vers la poubelle en plastique. Il apprécia la tiédeur de la nuit. Une fois la besogne effectuée, il remarqua en regagnant la maison que la fenêtre de sa chambre était ouverte. Chiara détestait pourtant dormir la fenêtre ouverte, se plaignant que cela la rendait malade. Ciro, soucieux, scruta la rue. Il remarqua une voiture garée au bout. Il connaissait ce modèle. Ce qui n'était qu'une impression, une éventualité, une construction de l'esprit que seul un malheureux hasard aurait rendu réelle, devint alors une implacable vérité.

Ciro lâcha les sacs sur le trottoir et s'approcha de la voiture, à peine éclairée par un lampadaire. Elle oscillait légèrement, comme si des gamins rieurs s'amusaient à la secouer. Il approcha son visage de la vitre et vit Marco, sur le siège, la tête renversée en arrière, la bouche ouverte par le plaisir, les yeux fermés. Penchée sur la braguette de Marco, offrant ses fesses au regard horrifié de Ciro, Chiara s'activait. Sans réfléchir, Ciro frappa à la vitre, pour que tout ça s'arrête, ne serait-ce qu'un moment. Marco le vit en premier, chassa Chiara et se reboutonna. Ciro la vit s'essuyer la bouche. Ce fut la dernière image avant que Marco ne sorte en trombe du véhicule et lui envoie une droite en pleine mâchoire. Ciro tomba au sol et se roula en boule pour mieux éviter les coups de pied que lui assenait Marco. Chiara poussa Marco.

– Mais arrête, t'es malade ! Tu vas le tuer !

Marco la poussa à son tour.

– C'est vous les malades, je me tire, moi !

Chiara essaya de le retenir mais il remonta dans sa voiture et démarra en trombe.

– T'es content de toi ? Connard ! hurla Chiara à Ciro, encore sonné.

Il fit un effort pour essayer de se relever, retomba et décida de rester sur le bitume quelques minutes, le temps de récupérer. Chiara lui cracha au visage et rentra à la maison. Ciro chercha une réponse en regardant le ciel. Il n'y vit pas une seule étoile pour lui répondre ou pour égayer, ne serait-ce qu'un instant, sa monstrueuse soirée.

Au petit matin, en descendant boire son café à la cuisine, Marcelo trouva Ciro avec le visage tuméfié ;

un coquard, une pommette bien enflée et la lèvre fendue, la plaie grossièrement refermée par le sang séché.

– Qu'est-ce qu'il t'est arrivé ? demanda Marcelo.

Ciro ne répondit pas, se contentant de regarder ailleurs. Marcelo se doutait qu'il resterait muet.

– Attends-moi, je viens avec toi sur le chantier aujourd'hui, lui annonça Marcelo avant qu'il parte.

Marcelo avait un mauvais pressentiment, aussi il préféra surveiller le gamin ce jour-là, quitte à perdre de l'argent.

Ciro avait du mal à se tenir debout. Ses côtes lui faisaient un mal de chien. Lorsqu'ils arrivèrent sur le chantier, Ciro se sentit creux. Comme si toute sa force avait abandonné son corps. Jusqu'à ce qu'il reconnaisse l'homme qui l'avait passé à tabac, debout sur l'échafaudage, plaisantant avec les ouvriers l'air de rien. Il était de retour sur le chantier. Ciro n'en croyait pas ses yeux. Marcelo regarda son fils observer Marco d'un œil sournois et se douta qu'il se passait quelque chose entre les deux. Il fit comme si de rien n'était mais se promit de rester attentif.

Ils grimpèrent. Ils travaillèrent sur des poutres en métal, l'un à côté de l'autre, sans échanger un mot. La pause de midi vint rapidement. Marcelo descendit le premier pour préparer les sandwichs tandis que Ciro, qui avait accumulé du retard, finissait son travail. Une fois sa tâche terminée, il s'essuya le front avec le chiffon qu'il gardait dans sa poche arrière, prêt à rejoindre Marcelo pour déjeuner. Il tomba alors sur Marco, qui buvait une bière, seul sur le toit. Ciro s'approcha et lui tendit la main. Marco porta la canette à ses lèvres et regarda ailleurs.

– Je suis désolé pour hier, je m'excuse, dit Ciro.

Marco leva les yeux vers lui et eut un petit rictus méprisant.

– Allez, fais pas la gueule, insista Ciro, la main toujours prête à être serrée.

Marco lui tendit la sienne, mollement, avant de s'aider de celle de Ciro pour se relever.

– Je n'aurais pas dû te frapper si fort mais tu m'as énervé, lui dit Marco en regardant son visage tuméfié.

Ciro lui offrit un rictus plein de miséricorde.

– Ce n'est pas grave, j'ai l'habitude. Et je l'ai mérité. On va bouffer ?

Les deux se sourirent et Marco se dirigea le premier vers l'escalier pour descendre. Ciro, juste derrière lui, ramassa une truelle au sol.

– Eh, Marco ?

Marco se retourna, le visage encore béat. Il reçut la pointe de l'outil à l'avant de la bouche. Ses dents se brisèrent à l'impact. Il vacilla. Le deuxième coup porté par Ciro l'envoya définitivement au tapis. Ciro frappa encore trois fois avec le plat de l'instrument. Le métal déforma rapidement le visage de Marco. Ciro s'arrêta pour souffler tandis que les gémissements de douleur étaient étouffés par l'insupportable ressac de la chair meurtrie. Puis, en forçant sur ses bras d'adolescent, Ciro entreprit de traîner Marco jusqu'au bord du toit. Sa victime, presque inconsciente, disait « non » d'une voix de fillette. Ciro passa les jambes de Marco par-dessus le parapet, les laissant pendre dans le vide. Il le saisit ensuite par les aisselles, alors que Marco reprenait ses esprits et hurlait :

– Non, je t'en supplie !

Ciro arqua son dos et fit levier, poussant sur ses jambes. Il souleva Marco du sol. Il n'avait plus qu'à relâcher ses muscles et Marco tomberait. Il sentit le soulagement monter, encouragé par ses muscles fatigués à desserrer son étreinte et précipiter la chute mortelle. Alors que Ciro s'apprêtait à devenir un assassin, il sentit des bras plus forts que les siens l'enserrer et l'empêcher de balancer Marco du haut du toit.

– Arrête !

Ils restèrent quelques instants comme ça, tous les trois enlacés – Ciro essayant de se débattre, de se dégager pour que Marco puisse faire le grand saut. Mais Marcelo refusait de laisser le gamin devenir un meurtrier. Il réussit à tirer Ciro en arrière, ramenant Marco sur le toit. Ils s'effondrèrent tous, empilés les uns sur les autres. Ciro se releva, hagard, horrifié par ce qu'il venait de faire. Marcelo vérifia que Marco respirait encore et l'allongea sur le côté pour qu'il puisse vomir son sang et les dents cassées qu'il avait avalées. Marcelo se dirigea vers son fils et le prit dans ses bras. Ciro se mit à pleurer ; peu à peu, la poussière sur les habits de Marcelo, qu'il aspirait à chaque sanglot contre son épaule, sécha la salive dans sa gorge.

– C'est… C'est à cause de Chiara…

– Chut… Ne parle pas.

Marcelo le garda contre lui jusqu'à ce que ses yeux sèchent. Ensuite, il lui demanda de l'aider à amener Marco en bas. Les ouvriers détournèrent les yeux lorsqu'ils les virent descendre, soutenant Marco, défiguré et à moitié évanoui.

Ils le chargèrent à l'arrière de la Lada. Marcelo arrêta le véhicule devant l'hôpital le plus proche. Il laissa le moteur cracher, tira le frein à main et se tourna vers Ciro.

– Attends-moi ici.

Il descendit ensuite de la voiture et ouvrit le coffre du break.

– T'arrives à tenir debout ? lui demanda Marcelo en italien.

Marco ne répondit pas mais il tenait debout.

– Va à l'hôpital et ne reviens jamais sur le chantier, d'accord ?

Sur ces mots, Marcelo remonta dans la voiture et tous deux repartirent. Quelques minutes s'écoulèrent avant que Marcelo ne se décide à parler.

– Je ne veux pas savoir pourquoi tu as fait ça. Je m'en doute mais je préfère faire semblant de ne pas comprendre. Ici, ce n'est pas Naples. Les gens portent plainte. Tu risques beaucoup pour un truc comme ça. Tu le sais ? Ne refais plus ça.

Ciro ne répondit pas. Marcelo se tut. Plus jamais ils ne parlèrent de ce qui s'était passé, de la fois où un homme avait failli mourir à cause de leur folie.

*

Chiara ne revit plus Marco. Elle savait que c'était la faute de Ciro. Elle lui en voulait. Sa colère englobait son père aussi – il avait ouvert la porte au gamin qui maintenant la suivait, l'épiait et occupait presque son lit. Dans l'intimité violée de sa chambre, elle réglait ses comptes avec Ciro. Elle l'insultait. « Sale orphelin, bâtard, enfant de putain ». Il eut du mal à encaisser la première fois mais il parvint à garder son calme. Cet exercice excita Chiara. Elle pensait que Ciro était capable de tuer pour moins que ça. Mais il ne pouvait pas la faire souffrir, alors elle en profitait. Elle se souvenait du premier soir, lorsqu'il avait menacé son père avec un couteau. Lorsqu'il avait dormi dans sa chambre, qu'il était venu s'allonger, dans le noir, à côté d'elle. Ces années où il n'entrait que le temps d'une courte nuit intrusive, respirant si doucement qu'elle croyait parfois qu'il était mort. Et maintenant, après tout ce temps, ça lui chauffait le bas-ventre de l'avoir chaque soir pour elle. Maintenant la lumière n'était plus systématiquement éteinte. Elle s'arrangeait souvent pour se dénuder devant lui, le traitant de pervers ensuite, le chassant de la chambre pour mieux le laisser revenir, lui imposant la vue de son corps qui devenait, petit à petit, quoique sans doute trop rapidement, celui d'une femme. Quand il la voyait nue, elle lui demandait si son entrejambe durcissait, susurrant les mots avant de le traiter d'impuissant si Ciro répondait que non, rouge de honte. « Si tu ne ressens rien, c'est parce que tu n'as rien entre les jambes. » Ça durait depuis des semaines ; seule l'intensité variait. Ciro, lui, avait de plus en plus de mal à dormir. Le rituel mis en place par Chiara était un vrai supplice, qu'il s'était mis à désirer ardemment. Si, au début, il avait voulu qu'elle ravale ses insultes, la vue de son visage déformé par la colère, de la bretelle de son chemisier qui dansait sur son épaule lorsqu'elle s'énervait – dévoilant, par intermittence, sa peau nue – le rendait maintenant ivre de désir.

La lumière venait d'être éteinte. Dans cette bulle noire, plus rien n'existait, seuls les souffles et le frottement des corps contre la literie. Elle l'avait encore humilié ce soir. Ciro aimait ça. Il aimait Chiara. Maintenant qu'elle le haïssait, il en était sûr. Elle était là, vulnérable. À côté de lui, à sa portée. Il en rêvait chaque nuit.

Il essaya de penser à son travail pour chasser l'excitation qui montait. Il sentit alors quelque chose se faufiler sous sa couverture. Chiara ne dormait pas. Elle porta la main sur l'entrejambe de Ciro. Il se raidit, n'osant bouger. Elle raffermit sa prise, se mit à le palper d'une main ferme, curieuse. Il était dur, très dur. Il entendit son petit rire.

– Je croyais que je ne t'excitais pas… Tu n'es qu'un menteur, lui chuchota-t-elle.

Ciro eut l'impression qu'on versait du miel dans son oreille. Il tendit une main maladroite vers elle, trouva ses lèvres. Elle baisa rapidement ses doigts et retourna à son lit, comme si de rien était. C'en était trop ; la main portée sur son sexe, ce court massage, puis plus rien. Trop, ou plutôt pas assez. Ciro aurait voulu l'étrangler, l'étrangler et la prendre – même s'il ne pouvait pas encore formuler son désir en ces termes. La violenter. Lui faire mal. Se faire du bien.

– Chiara ?

Elle ne répondit pas à ses appels. Ciro souffla, se retourna sans fin sur le matelas. Il avait chaud. La main collée à son caleçon, il compressait son membre pour essayer de le faire rétrécir. Au bout d'une demi-heure, ne tenant plus, il se redressa. Assis sur son matelas, il chercha une solution à son problème. Il pensa aller se soulager dans la salle de bains mais eut peur que le bruit ne réveille Marcelo et sa femme. Alors il rampa jusqu'à la fenêtre de la chambre, se redressa pour l'ouvrir et la rabattit doucement derrière lui.

Uniquement vêtu de son maillot de corps et de son slip, Ciro se suspendit au-dessus du vide, bras tendus, les mains agrippées au rebord de la fenêtre, et se laissa tomber sur le tapis d'herbe, juste à côté de l'entrée. Le froid l'éloigna de sa rêverie érotique. Il souffla dans ses mains et se dirigea vers le portail, qu'il enjamba. Il marcha dans la rue, aspirant l'air frais à pleins poumons, profita pleinement de ce moment de solitude. Il passa devant la maison du voisin et regarda le toit, qu'il avait refait de ses mains. Il sourit en pensant au travail effectué, parce qu'il le savait bon. La lumière, allumée à l'étage, le sortit de ses pensées. Si toutes les bâtisses de la rue étaient construites sur le même modèle, la lueur devait donc provenir de la chambre de la fille, celle qui lui avait apporté la citronnade. Il repensa au contact de sa main alors qu'elle lui tendait le verre. Son sexe durcit à nouveau.

Sans réfléchir, Ciro s'approcha de la petite palissade de bois qui protégeait la maison du voisin, l'escalada et retomba sur du gravier. Il s'arrêta net : pas un bruit. Personne ne l'avait entendu. Il prit appui sur le rebord de la fenêtre de la cuisine et se hissa sur le balconnet de la chambre du haut, celle qu'il supposait être celle de la jeune fille. Il n'eut pas besoin de coller son visage à la vitre pour voir ce qui se passait dans la chambre – une ampoule, fixée au plafond, illuminait parfaitement la scène. Marion était allongée, les jambes écartées, tendues dans sa direction. Elle fixait ses doigts des yeux, doigts qu'elle agitait frénétiquement entre ses jambes.

C'était la première fois que Ciro voyait un sexe de femme – à l'exception de la prostituée ivre qui avait remonté sa jupe pour l'effrayer, quand il était enfant, dans une ruelle de Naples. Il était fasciné par ce papillon rouge sang qui dansait devant ses yeux, dont les ailes menaçaient d'être écartelées par ces violentes secousses, provoquées par des doigts d'enfant. Il regarda la scène une trentaine de secondes puis, craignant d'être surpris, il se laissa tomber au sol et effectua le chemin inverse. Il se retourna, une fois la palissade franchie, et vit que Marion l'observait par la fenêtre.

Honteux, Ciro s'enfuit en courant. Il se branla, en hâte, derrière une voiture, et laissa tomber le dépôt visqueux à ses pieds avant de remonter, dans une ultime escalade, jusqu'à la chambre de Chiara. Il s'endormit, épuisé, sans savoir si la soirée avait été réelle ou s'il l'avait rêvée et se réveilla le lendemain avec pour seul souvenir une pointe d'excitation cachée au fond de ses tripes.

*

Jamais il n'avait été aussi fébrile au travail. À deux reprises, Ciro fit tomber des outils sur la poutre du bas. La deuxième fois, l'ouvrier qui travaillait en dessous faillit en venir aux mains avec lui. C'est Marcelo qui avait dû les séparer, étonné que Ciro, alors qu'il était en tort et le savait, veuille tout de même se battre. Il comprit que le gamin avait besoin de sang, lui aussi avait éprouvé cette sensation alors qu'il jouait à la gouape dans les rues de Naples. Marcelo était préoccupé par son fils depuis l'épisode du toit ; sans lui, il aurait jeté le jeune ouvrier dans le vide. Il l'aurait tué, de sang-froid. Si jeune, il devenait plus fort chaque jour. Marcelo avait déjà du mal à le tenir ; bientôt il ne pourrait plus rien pour l'empêcher d'agir.

Sur le chemin du retour, Marcelo essaya de savoir ce qui n'allait pas.

– Ça ne te plaît plus le travail ? Tu n'étais pas concentré aujourd'hui.

– Si, si, j'étais juste un peu fatigué, excuse-moi.

Comme d'habitude, Ciro refusait le dialogue. Marcelo se demanda comment le gamin faisait pour avaler une telle violence sans jamais la vomir.

*

Pour une fois, Chiara ne chercha pas à l'exciter. Elle décida de ne pas lui jouer de scène, de l'ignorer, de faire comme si elle était seule dans la chambre. Elle pensait que cela le rendrait fou, qu'il était accro à ce rapport éperdu et chaste. Mais Ciro n'en avait rien à foutre. Le torrent furieux ne semblait pas lui manquer. Chiara le sentait. Ça l'empêchait de s'abandonner au sommeil. Savoir qu'elle n'avait plus d'emprise sur lui, qu'elle n'était plus l'objet de son désir, la tracassait.

Alors qu'elle essayait, sans succès, de dormir depuis une demi-heure, elle entendit Ciro se lever et ouvrir la fenêtre. Elle dut attendre pour se retourner et en avoir le cœur net parce qu'elle ne voulait pas qu'il la voie. Elle l'entendit tomber, se réceptionner dehors et elle se précipita à la fenêtre. Elle vit Ciro s'engager dans la rue. Chiara décida de le suivre parce qu'elle sentait qu'il la mènerait jusqu'à la raison de son désintérêt pour elle. Chiara s'était déjà échappée par cette fenêtre, pour aller retrouver Marco. Pourtant, cette fois, elle eut peur et hésita avant de sauter. Pas trop longtemps. Elle s'écorcha les mains sur le rebord et se fit mal aux talons en tombant. Mais elle réussit.

Chiara se redressa et constata que Ciro avait disparu. Elle courut, sur ses traces, blessant ses pieds nus sur le béton. Elle accéléra la foulée malgré la douleur et le vit enfin, grimpant sur le balcon d'un des pavillons du voisinage. Elle vit une jeune fille lui ouvrir la fenêtre. Ciro se hissa à l'intérieur et le couple disparut de la vue de Chiara. C'était ça, son secret. Ciro voyait une fille en cachette. Chiara rebroussa chemin en larmes, ivre de rage.

Pendant ce temps, Ciro entrait dans la chambre de Marion sans se poser de questions.

– Tu m'espionnais la dernière fois ?

Ciro, honteux, ne répondit pas.

– Tu sais pourquoi je fais ça la lumière allumée ?

Ciro ne savait plus très bien ce qu'il faisait là.

– C'est pour tout voir, dans le noir ça m'excite moins.

Elle s'approcha de lui, passa les mains autour de son cou.

– Et toi, ça t'a plu ? De regarder ?

Elle prit une des mains calleuses de Ciro dans la sienne et la passa dans sa culotte au coton élimé. Ciro sentit, au bout de ses gros doigts, le sang pulser dans le sexe chaud et crispa sa main. Sans se rendre compte de sa force.

– Aïe !

Il retira sa main comme s'il s'était brûlé.

– Excuse-moi.

– Tu m'as fait mal, lui dit-elle en souriant.

Elle défit sa braguette, saisit son membre tendu, le massa d'une main ferme.

– C'est bon ?

Les yeux fermés, il acquiesça. Elle posa ses lèvres sur les siennes, le prit entre ses deux mains et accéléra le mouvement. Il sentit la langue de la fille, chargée d'un goût âcre, se frayer un chemin au fond de son palais. Quelques coups de poignet plus tard, Ciro jouissait, dans un hoquet confus, sur les mains de la fille. Un instant de lumière avant de redevenir humain, méprisable petit chien. Il se rendit compte soudain que sa semence était étalée sur les doigts osseux de la voisine. Marion chercha de nouveau à l'embrasser, mais il la repoussa et quitta la chambre.

Dans la rue, Ciro se demanda ce qu'il lui avait pris. Tout ça pour ça. Il avait envie de vomir, maintenant. Il essaya de se purger en enfonçant deux doigts dans sa bouche, mais rien n'en sortit.

*

Ciro regardait son assiette, pleine. Il louchait sur la *minestra,* incapable d'en avaler une bouchée. En temps normal, il l'aurait engloutie. Toute la journée il s'était senti mal, plus lourd que d'habitude, comme si ses intestins étaient lestés de plomb. Il n'avait pas la tête au travail ; il s'était regardé multiplier les gestes inutiles, étranger dans son corps. À la table familiale, tout le monde mangeait avec appétit. Marcelo lui jeta un regard sévère et Ciro se força à plonger sa cuillère dans la soupe. La sonnette de l'entrée retentit avant qu'il ait le temps de porter la nourriture à sa bouche. Cecilia regarda son mari, inquiète. Ce qui se cachait derrière la porte, à une heure si tardive, ne pouvait être qu'un problème. Le chef de famille s'essuya la bouche – c'était à lui de régler ça. Marcelo se leva et alla ouvrir. De la cuisine, on entendit une petite voix de fille demander si Ciro était là. Marcelo cria après son fils pour le faire rappliquer. Ciro quitta sa chaise sous le regard suspicieux de Cecilia. Marion l'attendait sur le pas de la porte. Ciro écarquilla les yeux, horrifié de la trouver ici. Marcelo regagna la cuisine sans faire de commentaire, en laissant les adolescents seuls.

– Mais qu'est-ce que tu fous ici ? ! demanda Ciro.

Elle essaya de lui faire un sourire charmeur. Elle était vraiment laide.

– Tu me manquais.

– Tu ne dois pas venir ici ! Tu es devenue folle ! Rentre chez toi.

– Tu viendras me voir ce soir ?

– Non, rentre chez toi maintenant.

L'expression sur le visage de la jeune fille changea.

– Si tu refuses, je vais aller raconter à tes parents ce que tu m'as fait hier.

Alors qu'elle faisait un pas pour entrer, Ciro lui tordit le bras dans le dos et lui plaqua sa main sur la bouche pour l'empêcher de hurler.

– Ferme-la et rentre chez toi. Je ne veux plus te voir.

Il la traîna hors de la propriété, jusqu'à la rue. Là, il relâcha son emprise. Elle laissa tomber son bras douloureux, haletante, comme une bête blessée.

– Je suis désolé, lui dit Ciro, mais tu ne m'as pas laissé le choix.

Elle releva la tête vers lui, les yeux rougis par la colère et l'humiliation.

– Tu n'es qu'un salaud. Tu vas me le payer.

Lorsque Ciro se remit à table, tout le monde avait fini son assiette. Ciro, honteux, s'assit en silence et plongea le nez dans son plat.

– Personne ne nous avait jamais interrompus en plein dîner, lui fit remarquer Cecilia, d'un ton cassant, sans le regarder.

– Je suis désolé. Je crois que cette fille a des problèmes, je ne sais pas ce qu'elle voulait.

Chiara étouffa un rire, suffisamment fort pour que tout le monde à table le remarque. Ciro devenait de plus en plus rouge et se concentra définitivement sur son assiette, en espérant qu'il n'entendrait plus jamais parler de cette folle.

Pourtant, le lendemain soir, la sonnerie retentit à nouveau à l'heure du dîner. Cette fois c'était Georges, le voisin. Marcelo vint lui ouvrir. Georges parlait fort et mal. Il demanda à voir Ciro. Marcelo lui ordonna de rappliquer et ils s'expliquèrent devant la maison, à l'extérieur, parce que Marcelo refusait de recevoir cet homme chez lui. Georges accusa Ciro d'avoir cherché à abuser de sa fille. Il dit qu'il était prêt à passer l'éponge sur le comportement de ce bâtard s'il s'excusait. Il annonça aussi qu'il ne les paierait pas pour la réparation de sa toiture. Il considérait ça comme un dédommagement. C'était ça ou la police. Marcelo savait que Ciro n'était pas coupable. Il avait vu la fille et savait qu'elle en pinçait pour son fils, et qu'il aurait été bien incapable de lui faire du mal. Il méprisait ce gros porc de voisin qui, en plus de mentir et de leur faire du chantage, préférait l'argent à la dignité de sa fille. Dans le cas inverse, Marcelo n'aurait pas hésité à l'égorger plutôt que de voir son sang déshonoré. Il regarda Ciro et lui demanda de faire ses excuses au monsieur. Ciro obéit. L'autre le fit répéter, pour l'humilier un peu plus. Ciro répéta. Et Georges partit, en concluant finement, dans sa barbe, sur la sauvagerie des ritals.

Marcelo gifla Ciro, deux fois. Jamais une claque ne lui fit aussi mal. Marcelo hurla sur son fils comme jamais il ne l'avait fait. Il lui dit que tout était de sa faute. Même si Ciro était innocent des faits reprochés, il avait fait une connerie. À cause de ça, Marcelo avait été humilié, chez lui, par un homme qui n'en était même pas un. On lui avait craché à la gueule et il avait dû demander pardon en plus. La seule chose à laquelle tenait Marcelo, c'était son honneur et il venait d'être piétiné. Ciro lui dit qu'il était désolé. Marcelo lui répondit qu'il n'avait rien à foutre de ses excuses, qu'il devrait travailler plus dans les semaines à venir, pour compenser par n'importe quel moyen le manque à gagner des travaux de toiture. Et il lui fit promettre qu'il ne le remettrait plus jamais dans une situation pareille, que jamais il ne lui ferait revivre pareille avanie. En vérité, Marcelo ne pensait pas pouvoir endurer pareil affront deux fois sans perdre son sang-froid et faire une grosse erreur dont toute sa famille paierait le prix.

*

1977

Nouvel été.

À Naples.

Chiara voulait aller au théâtre San Carlo. Pour elle, c'était sa seule chance de passer des vacances réussies, de ne pas perdre son temps ici. Elle avait lu tout ce qu'elle avait trouvé sur le plus vieux théâtre lyrique d'Europe. Elle refusait de le visiter vide, pour ne pas se gâcher le plaisir. Elle avait décidé qu'elle n'y mettrait les pieds qu'en tant que spectatrice.

Mais à son âge, son pouvoir se limitait à celui de la persuasion. Elle supplia rapidement son père et sa mère de l'y emmener. Ils lui répondirent que c'était pour les riches. Chiara leur dit qu'elle voulait une place, une seule, qu'en échange elle ne demanderait rien à Noël et rien pour son anniversaire. Ils refusèrent. Elle dit à son père qu'elle travaillerait sur les chantiers avec Ciro pour rembourser sa dette. La main de son père se leva en l'air, signe que la discussion était terminée et que chercher à la poursuivre coûte que coûte se paierait cher. Chiara alla s'enfermer dans sa chambre, furieuse. Ciro, qui avait assisté à la dispute, n'était pas intervenu. Mais il s'était juré qu'il réussirait à exaucer son souhait. Bien sûr, il n'avait pas assez d'argent pour l'inviter. Il aurait pu le voler mais ça n'aurait pas changé grand-chose. Ils n'auraient jamais laissé entrer des adolescents, seuls et mal habillés.

Ciro rôda près du théâtre pendant une semaine entière, tournant autour de l'imposante bâtisse, passant et repassant sous ses arcades. Il commença par répertorier tous les accès, toutes les portes qui donnaient sur la rue – de l'entrée principale à celle de service, aucun accès ne lui était étranger. Il observa ensuite les allées et venues du personnel, chercha le meilleur moyen de pénétrer à l'intérieur. Il finit par jeter son dévolu sur une grille qui débouchait vraisemblablement sur l'entresol. La petite serrure ne lui posait pas de problème, il était sûr qu'elle ne lui résisterait pas. Il redoutait seulement qu'une barre d'acier bloque, de l'intérieur, l'ouverture de la grille et les mailles d'acier étaient trop serrées pour qu'il puisse espérer voir au travers et en avoir le cœur net.

La veille du spectacle, Ciro revint sur place. Comme prévu, il lui suffit d'une minute à travailler la serrure avec un bout d'étain, ramassé en crochet. Il poussa légèrement la grille. Elle s'ouvrit facilement. Il la referma immédiatement. Il ne savait pas où elle donnait mais il ne voulait pas se faire attraper à l'intérieur. Il tenterait crânement sa chance le lendemain. Pour une fois, il croyait en sa bonne étoile.

Marcelo et Cecilia avaient invité leurs voisins pour le déjeuner. Ça jactait fort en napolitain dans le salon. Ciro profita de l'occasion. Chiara préparait le café dans la cuisine, il alla la trouver.

– Ce soir, je veux t'emmener quelque part.

– Où ça ?

– C'est une surprise…

– Je n'irai nulle part.

Il la maudit. Elle refusait son cadeau par principe, sans même daigner ouvrir le paquet. Ciro dut abattre ses cartes.

– Même pas au *teatro* ?

Elle le regarda avec un petit rictus méprisant.

– Toi ? M'emmener au théâtre ? Les places sont trop chères, et même si tu les as volées, on ne nous laissera jamais entrer.

Il lui sourit.

– Je ne t'oblige pas à venir. J'irai seul. Je te raconterai.

En le regardant, elle comprit qu'il ne mentait pas. D'ailleurs, il ne mentait jamais. Elle se demanda comment elle avait pu douter du fait qu'il lui ouvrirait les portes du *teatro*. Elle obéit au plan concocté par Ciro. Après dîner, ils firent semblant d'aller se coucher. Par chance, Marcelo avait trop bu et il regardait sa femme avec désir. C'était suffisamment rare pour que Cecilia ne pense qu'à ce qui se passerait quand les enfants seraient endormis et oublie de se soucier de sa fille.

Chiara, effrayée par le spectacle nocturne offert par la ville, s'efforçait de suivre Ciro. Ce dernier se déplaçait avec aisance et pestait contre la lenteur de sa partenaire. Ils étaient en retard. Ils passèrent devant les marches du théâtre et firent le tour de la bâtisse au pas de course. Elle allait se plaindre qu'ils s'éloignaient trop quand Ciro se figea devant une lourde porte. Elle le vit sortir le crochet de sa poche et se hâter sur la serrure. Elle commença à paniquer, à jeter des regards fous autour d'eux.

– Mais t'as perdu la tête !

– Chut, tu me déconcentres.

Elle se figea, elle avait peur qu'ils se fassent prendre.

– Dépêche-toi.

La serrure céda ; il ouvrit la porte et entra, sans un regard pour Chiara. Elle le suivit et pénétra dans un long couloir mal éclairé. Elle ne le voyait plus. Elle avança un peu, entendit des pas résonner, se figea. Soudain elle sentit des mains la tirer dans l'ombre, jusqu'à un renfoncement du mur, et une main posée sur sa bouche, qui étouffait un hurlement d'effroi.

– C'est moi, calme-toi, lui murmura Ciro à l'oreille.

Les pas se rapprochèrent ; un homme passa devant eux, en sifflotant, sans les remarquer. Chiara avait peur mais elle appréciait d'être serrée contre Ciro. Elle pouvait sentir son haleine chaude contre le coin de sa bouche, prisonnière de bras doués d'une force d'adulte – une force qu'elle n'avait jamais trouvée ailleurs que chez son père. Ciro attendit que les bruits de pas s'éloignent pour défaire son étreinte. Dorénavant, il savait que Chiara l'écouterait. Il posa sa bouche sur son oreille :

– Suis-moi et ne fais pas de bruit.

Ils sortirent de l'ombre et s'avancèrent vers le bout du couloir. Rapidement, ce qui n'était qu'un écho de ses rêves devint réalité. Elle entendait chanter, elle entendait la musique… Ciro avait honoré sa promesse. Elle le suivit à travers un dédale de couloirs, se tapissant dans l'ombre à chaque fois qu'il le lui ordonnait, pour se cacher des techniciens. Elle le suivait les yeux fermés, elle lui faisait confiance. Les chants se rapprochaient mais elle ne voyait toujours rien. Ils finirent par arriver derrière la scène, devant une grande structure métallique.

– On va grimper, je passe devant. Surtout ne regarde pas en bas, lui dit Ciro.

Avant qu'elle ait le temps de protester, d'expliquer qu'elle ne monterait jamais à pareil échafaudage, Ciro entamait son ascension – excité par l'altitude. Il monta l'échelle rapidement, sans hésiter une seule fois. Il était déjà en haut lorsqu'elle posa ses mains sur le premier barreau au-dessus de sa tête. Assis sur la passerelle, les pieds dans le vide, Ciro observait Chiara d'un air amusé. Quel salaud ! Elle était maintenant à trois mètres du sol. Ciro lui tendit un bras, sur le côté. Il lui montrait quelque chose. Elle regarda dans la direction indiquée et vit les étages de loges, cette forteresse de rouge et d'or.

Elle oublia son vertige et grimpa. Ciro la hissa d'un seul bras sur la plateforme, tandis qu'elle agrippait les derniers barreaux. Elle ne put alors s'empêcher de regarder en bas et fut prise d'un frisson ; ils devaient maintenant être à une douzaine de mètres du sol. Ciro avança sur la passerelle. Elle voyait des techniciens, sur d'autres niveaux, qui faisaient rouler de gros cordages entre leurs mains. Ciro vit qu'elle les regardait.

– Ne t'inquiète pas, ils ne peuvent pas nous voir.

Ciro savait ce qu'était le travail en altitude, il connaissait la concentration que celui-ci exigeait.

– Passe devant.

Il se tassa contre la rambarde et sentit les fesses de Chiara se nicher dans le creux de son bas-ventre, le temps qu'elle prenne la tête de l'expédition.

– Avance.

Elle lui obéit et s'aventura sur la passerelle qui formait un coude, jusqu'à la partie qui demeurait jusqu'alors invisible. La musique montait, par strates, mélangée aux chants. Ils étaient derrière la scène, si haut qu'ils ne pouvaient voir que les deux premiers rangs de sièges. Aux anges, Chiara dominait les planches, l'orchestre et les acteurs en costume.

– C'est Verdi, *Luisa Miller*, lui dit-elle en souriant.

Ciro ne savait pas de quoi elle parlait, mais la voir si radieuse le comblait. Il avait l'impression que c'était la première fois qu'il rendait quelqu'un heureux. Et Dieu avait décidé que cette personne serait la femme qu'il aimait. Elle s'assit, il fit de même, leurs pieds ballants, au-dessus du vide.

– Ciro, prends-moi dans tes bras.

Elle ne se retourna pas pour le lui dire, il ne la fit pas répéter. Il se plaça derrière elle. Elle se laissa aller en arrière. Il accueillit sa tête sur son torse et regarda le spectacle. Même s'il n'y comprenait rien, cela lui semblait être la plus belle chose qu'il ait jamais vue. Le moment lui parut interminable, et les êtres chantant sur scène infiniment petits et leurs déguisements ridicules. Ciro était au-dessus, il savait son bonheur supérieur à tous les leurs réunis. Chiara, elle, goûtait chaque moment de ce délicieux spectacle qu'elle pensait interdit aux enfants d'ouvriers. Elle sut, à ce moment, qu'elle aurait elle aussi droit à la scène. Si Ciro avait pu lui ouvrir ces portes, elle apprendrait à le faire toute seule. Ciro venait de lui faire cadeau d'une chose très précieuse. Ce dont elle avait toujours rêvé, il le lui avait donné. Lui seul, sans l'aide de personne, sans argent, sans culture, sans rien de ce qui comptait pour le monde. Avec ses connaissances d'enfant des rues, son ingéniosité et sa force, il l'avait emmenée là où personne ne l'avait emmenée. Seulement avec ce qu'il savait faire, lui.

C'est Ciro qui, ce soir, fit d'elle ce qu'elle allait devenir, car il lui avait donné le plus fort des pouvoirs : celui du « je peux ». Ce don allait la marquer à vie – il était de la race des maudits, quelque chose d'indépassable, à côté de quoi tout paraissait fade. Ciro ne s'en rendait pas compte, mais elle, oui. Elle comprit à ce moment-là, au moment où elle regardait la scène, les acteurs et les musiciens. D'aucun homme elle ne recevrait jamais un plus beau cadeau.

*

Une journée d'août brûlante pour le dernier des Zaccariello. Ciro était amoureux. Chiara le regardait différemment depuis qu'il avait accompli son rêve à elle. Les vacances étaient douces. Ses sens, délicieusement engourdis. Un voile recouvrait ses yeux et lui montrait la ville plus belle qu'elle ne le serait jamais. Ce matin, il traînait près de la gare, rêvassait en contemplant les voies qui s'entremêlaient et les trains sur le départ.

– Oh mon Dieu, Ciro, c'est toi ?

Ciro sursauta en entendant son prénom. Il reconnut immédiatement le garçon qui lui faisait face. Il n'aurait jamais pensé le revoir un jour. Ça devait faire cinq ans qu'ils s'étaient dit adieu – traversant éloignés, dans deux pays différents, la longue période où les enfants deviennent des hommes. Et pourtant, il le reconnut tout de suite. Il en croyait à peine ses yeux ; Gianpaolo, avec qui il avait grandi ici même, était devant lui. Les deux amis ne pouvaient pas s'arrêter de sourire, émus aux larmes.

– Tu as gardé la même gueule ! Toujours aussi moche..., finit par lâcher celui qui était resté italien.

Ils s'enlacèrent en criant de joie. Ils s'embrassèrent sur la bouche, orphelins miséreux que la rue avait faits frères et qui se retrouvaient aujourd'hui.

– Alors la France ne t'a pas plu, tu es revenu chez nous ? plaisanta son ami.

– Non, non, je suis là pour les vacances, je travaille là-bas maintenant, sur les chantiers.

Gianpaolo fronça les sourcils.

– Attends, attends, je n'y comprends rien. Il faut que tu me racontes tout ça.

Ils s'installèrent à la terrasse du premier café qu'ils trouvèrent sur leur route. Ciro lui raconta tout, sa nouvelle vie, sa famille, son adoption, la France, la ville, son métier. Il lui demanda ensuite des nouvelles. De lui mais aussi de Giorgio, de Massimo, de Gianluca... Il constata avec regret que la plupart de ses amis d'autrefois étaient morts ou en prison.

– On se moquait de toi, mais tu avais raison, lui dit son ami, il n'y a rien pour nous ici. On aurait tous dû venir avec toi !

– Mais tu devrais. J'essaierai de vous trouver du travail...

– Tu es fou, le coupa Gianpaolo, ici c'est ma ville. C'est ici que je suis né et je compte bien y mourir. Je serais perdu ailleurs !

Ciro comprenait bien ce qu'il voulait dire.

– Et toi, alors ? Raconte-moi Paris, fais-moi rêver, donne-moi une raison de changer d'avis, lui demanda-t-il en souriant.

– Je n'habite pas vraiment à Paris, mais à côté, en banlieue.

– Je veux tout savoir !

Ciro lui raconta la ville, en enjolivant tous les détails. Il lui raconta que les filles étaient belles et faciles. Il lui mentit parce que son ami ne lui demandait que ça. Et il fit semblant d'y croire, lui faisant répéter les couleurs des dessous des Parisiennes, en souriant jusqu'aux oreilles à chaque fois. Au moment de se quitter, ils promirent de se revoir le lendemain, dans un quartier où ils pourraient se saouler la gueule, rire fort et se prendre dans les bras.

C'était la première fois que Ciro rentrait en retard à la table familiale, pour dîner. Il se confondit en excuses. Cecilia pesta contre lui. Chiara, déjà assise, l'observa attentivement quand il rentra. Elle se demanda pourquoi il n'était pas à l'heure. Ça cachait forcément quelque chose et Chiara ne supportait pas de ne pas savoir.

Après le repas, une fois tous deux couchés côte à côte dans la chambre qu'ils occupaient dans l'appartement loué le temps des vacances, Chiara lui demanda pourquoi il était si joyeux. Ciro joua celui qui ne comprenait pas et assura ne pas être différent que d'habitude. Elle insista quand elle comprit qu'il évitait le sujet. Le souvenir de Paris et de la voisine était encore tenace dans son esprit. Elle avait peur. Peur que ce fût une fille, une Napolitaine aux grosses joues et aux mœurs faciles, qui rendait Ciro si heureux.

– Dis-moi ce qui se passe, sinon je crie…

– Quoi ? Qu'est-ce qui te prend ?

Ciro n'eut pas le temps de protester davantage. Elle était trop sûre de sa force.

– Je veux savoir ce que tu es parti faire, lui susurra Chiara dans le noir.

Il dut lui dire la vérité. Elle fut soulagée quand il avoua qu'il avait seulement retrouvé l'un de ses amis.

– C'est ça qui te met dans un tel état ?

Il lui répondit sans méchanceté.

– C'est comme un frère. Je le connais depuis très longtemps. Tu n'imagines pas tout ce qu'on a vécu tous les deux…

À sa voix, elle sut qu'elle ne voulait pas en entendre plus sur la violence et la vie de misère qu'ils avaient connue.

– Tu ne peux pas comprendre, tu es une Française, toi.

Les mots la vexèrent, elle prit ça comme un reproche et voulut lui prouver qu'elle n'était pas qu'une étrangère.

– Emmène-moi avec toi demain, lui demanda-t-elle.

– Non.

– Je ferai croire que je suis ta copine si tu m'emmènes.

Ciro commit l'erreur de dire oui, tant il rêvait d'avoir Chiara à son bras. Il n'accepta pas par vantardise, parce qu'il voulait parader devant ses amis, mais seulement parce qu'il l'aimait et qu'il était prêt à se damner pour flâner quelques heures avec elle, dans les rues bombardées par le soleil d'été.

Ciro faisait les cent pas devant l'immeuble, seul dehors depuis près d'une heure. Il avait annoncé à Marcelo qu'il sortait retrouver des amis. Il attendait que Chiara quitte l'appartement en douce, après l'extinction des feux. Elle risquait gros si elle se faisait prendre. Ciro aussi. Si Marcelo apprenait que sa fille avait fait le mur pour sortir avec lui, il perdrait la confiance de son père. Ciro avait peur. L'attente devenait insupportable.

Son cœur se souleva quand enfin il entendit le cliquetis de la porte d'entrée. Chiara portait un chemisier à fleurs, rentré dans un jean à pattes d'éléphant. Ses cheveux légèrement bouclés par le soleil et l'iode étaient lâchés, la vieillissant légèrement. Malgré le faible éclairage de la rue, Ciro remarqua qu'elle avait passé un léger trait bleu sur ses yeux et que ses lèvres brillaient plus que d'habitude.

Ils marchèrent dans les rues sans un mot, appréciant la brise marine qui faisait redescendre la chaleur d'ordinaire si étouffante. L'animation s'invita au coin d'une rue pour ne plus les quitter lors de leur périple ; partout, des terrasses pleines de jeunes qui buvaient. Rires et chants flottaient dans la nuit.

– On est bientôt arrivés, lui dit-il.

Chiara passa furtivement un bras autour des reins de Ciro et l'attira à elle.

– Il faut qu'on ait l'air d'un vrai couple. Ne me regarde pas comme ça.

Ciro lui obéit, et passa à son tour son bras dans son dos, accrochant sa main à son épaule. Ils passèrent devant les bars en amoureux – un de ces jeunes couples qui ne connaissaient rien de la vie mais se promettaient de la passer ensemble. Pour le moment, il sentait la chaleur de son cou à chacun de ses pas et c'était déjà très bien.

– Ciro, ici !

Gianpaolo hurlait et lui faisait de grands signes de la main depuis la terrasse d'un petit bar. Ciro et Chiara s'approchèrent de la table qu'il occupait avec une demi-douzaine d'amis. Ciro ne reconnut aucun visage. Il serra les mains de tous les garçons, tandis que Chiara se contenta de les saluer d'un sourire – ce qui leur suffisait, Ciro aurait pu le jurer. Tous la regardaient, peu habitués à voir une beauté pareille. Gianpaolo demanda à Ciro si c'était sa copine. Ciro répondit que oui.

– Une Parisienne ?

Ciro répondit encore une fois que oui.

– Elle m'excite, dit-il, avant d'ajouter une expression typiquement napolitaine réservée aux femmes que Ciro aurait été incapable de traduire en français.

Chiara le foudroya du regard et lui assura, d'un italien hésitant mais sans accent :

– Je parle ta langue…

La surprise s'afficha sur le visage de Gianpaolo. Ciro haussa les épaules. Elle ajouta :

– Et napolitain. J'apprécie l'allusion.

Alors Gianpaolo éclata de rire.

– Je suis vraiment le roi des cons. Je m'appelle Gianpaolo.

– Moi c'est Chiara, lui répondit-elle, un sourire mesquin aux lèvres.

Ciro ne put se retenir de rire à son tour. À sa surprise, Chiara l'imita. Gianpaolo les prit dans ses bras, un sous chaque, et leur dit :

– En tout cas vous êtes beaux tous les deux, mes enfants.

Il les regarda tour à tour, dans les yeux, serrant leurs nuques, et leur murmura, sous ce chapiteau imaginaire :

– Tu dois prendre soin de lui. C'est la meilleure personne que je connaisse. S'il n'avait pas été là pour moi, je serais mort.

Il s'arrêta de sourire, repensant sûrement à un sinistre épisode d'un passé frelaté qui remontait à la surface, connu seulement des deux amis. Il se reprit, relâchant son étreinte, à nouveau enjoué :

– Asseyez-vous, asseyez-vous ! Je vais vous chercher à boire !

Sur ces mots, Gianpaolo disparut à l'intérieur du bar. Il ne restait qu'une chaise à la table. Ciro la proposa à Chiara, qui lui répondit qu'ils pouvaient très bien la partager. Elle s'assit donc sur les genoux de Ciro, prit ses mains dans les siennes et entama la conversation avec le reste du groupe. Chiara écarta les jambes, son pubis pressé contre la cuisse de Ciro, l'adolescent déglutissant à chaque ondulation de la jeune fille.

Quand Gianpaolo revint avec des verres remplis de vin, ils les entrechoquèrent et burent à leur santé. À entendre Chiara parler et rire, elle semblait avoir grandi ici, avec eux, dans les rues étroites de cette ville qui les avait élevés. Comme s'il n'y avait pas de barrière entre la petite-bourgeoise snob qu'elle voulait être et Ciro. Pour la première fois, Chiara s'intéressa même aux gens et posa des questions.

– Alors comme ça, vous êtes amis d'enfance ?

– Parfaitement. Nous sommes plus que des amis, nous sommes des frères, répondit Gianpaolo.

– C'est la première fois que je rencontre un de ses amis...

Elle jeta ensuite un bref coup d'œil à Ciro. Le garçon était flatté qu'elle s'intéresse à celui qu'il était, à son passé ici. Elle poursuivit :

– Et c'est aussi la première fois que je le vois joyeux. Il a toujours été aussi sinistre ?

– Ciro ne sourit pas souvent. Mais quand il le fait, il le fait sincèrement. Toi, tu es une jolie petite

Française. Même si tes parents sont italiens, même si tu viens ici de temps en temps, tu ne sais pas à quoi ressemble notre vie dans cette ville. Quand on doit se débrouiller tout seul. Quand personne d'autre que toi ne vient remplir ton assiette. Alors si ce soir, je suis là avec vous, à rigoler en buvant du bon vin, c'est parce que Ciro a toujours été là pour moi. Comme d'autres. Parce qu'il parle peu, qu'il ne sourit pas souvent mais qu'il fait les choses sérieusement avec le cœur.

Quelques verres plus tard, Ciro demanda à Chiara de se lever. Son membre était compressé par la bière et par ses fesses, qu'elle n'avait cessé de remuer sur lui. Il lissa son tee-shirt pour cacher la bosse sur son jean et leur annonça qu'il allait pisser. Il parla rapidement, si bien que Chiara, qui n'était plus exercée à cette langue, ne comprit pas. Elle lui demanda où il allait. Il lui répondit qu'il allait aux toilettes. Gianpaolo plaisanta :

– Elle est amoureuse, elle ne peut pas passer une seconde sans toi.

Ivre, Ciro s'éloigna dans la rue, un sourire béat imprimé sur son visage. Contre un mur, dans une ruelle à l'écart, il soulagea sa vessie en sifflotant. Un jeune, qui passait par là, lui demanda une cigarette alors qu'il refermait sa braguette. Il sortit son paquet et le lui lança, en lui disant de se servir. La boisson faisait de lui quelqu'un d'encore plus généreux. Le garçon rendit son paquet à Ciro et le remercia. Ils discutèrent quelques minutes avant de partir chacun de son côté. Ciro regagnait le café lorsqu'il entendit des cris de femme. Il courut vers la terrasse, gagnée par un mouvement de foule. Il se fraya un chemin en écartant les personnes massées autour de la table où ils étaient assis quelques instants auparavant. À quelques mètres, il vit Chiara qui pleurait, la bouche fermée – sans qu'aucun son n'en sorte, les sanglots prisonniers de sa gorge. Ciro ne voyait rien d'autre, alors il poussa violemment ceux qui formaient un cercle compact autour d'elle. Les sifflets de police l'aidèrent. Il allait prendre Chiara dans ses bras quand il buta sur quelque chose. Il trébucha, les mains en avant, et atterrit dans une flaque de sang chaud. Gianpaolo gisait là, une main portée à sa gorge. Ciro se rendit compte qu'il avait trébuché sur le corps de son ami. À terre, Ciro mit machinalement ses mains en coupe autour de la plaie béante, comme si récupérer le précieux liquide pourrait servir plus tard et le sauver.

Les policiers approchèrent. Ils le laissèrent veiller son ami, jusqu'à ce que les infirmiers arrivent et le détachent avec délicatesse du mort, comme on soulèverait un enfant assoupi pour le porter à son lit. Ciro s'écarta, sans protester. Il savait déjà. Gianpaolo était mort depuis longtemps. On l'interrogea tandis que les secours emportaient la dépouille.

– Vous le connaissiez ?

– Oui, c'était mon ami.

– Qu'est-ce qui s'est passé ?

Il avait été égorgé. Ciro avait tout de suite reconnu la trace du rasoir. Il en avait un lui aussi, autrefois. Comme tous les gamins d'ici pour qui le seul avenir était de devenir une gouape. Il jeta un coup d'œil à Chiara, toujours en état de choc. Le flic suivit son regard et répéta, plus agressif :

– Qu'est-ce qui s'est passé ? !

– Je n'en sais rien, je n'ai rien vu, répondit Ciro en regardant, cette fois, l'homme droit dans les yeux.

Le flic poussa un soupir.

– Toi, tu ne bouges pas. On n'a pas fini de parler toi et moi.

Il alla interroger d'autres personnes ; Ciro en profita pour aller voir Chiara. Il lui parla à voix basse, rapidement et en français :

– Casse-toi.

Un sanglot monta dans sa gorge, elle s'étrangla avec. Ciro colla sèchement sa main sur sa nuque tandis que les officiers leur tournaient le dos.

– Dégage avant qu'ils t'interrogent. Allez !

Elle finit par obéir et partit, en courant.

Le flic lui demanda, quelques minutes plus tard, où était passée la fille.

– Quelle fille ? lui demanda Ciro.

L'autre n'insista pas, sans doute habitué à ces gamins qui apprenaient, dès le berceau, à fermer les yeux et à tenir leur langue. Les flics l'embarquèrent. Il refusa de s'essuyer les mains et garda le sang de Gianpaolo sur les siennes. Il continua d'expliquer qu'il ne savait rien. Il était seulement un ami du mort et l'avait trouvé agonisant, après être allé pisser.

Les flics avaient recueilli des témoignages entre-temps. Une bande de jeunes, assis à côté, avaient fait une blague sur une fille du groupe. Sûrement la copine de la victime. Il n'avait pas apprécié et les lames étaient sorties. Fin de l'histoire. Ciro comprit que les policiers parlaient de Chiara et que Gianpaolo avait voulu la défendre. Il encaissa le coup, sans ciller. Comme si le type qui était mort dans ses bras était un parfait inconnu. Au commissariat, on lui donna un verre d'eau. Les policiers se détendirent – ils avaient compris que Ciro n'avait rien à voir avec l'affaire. Un jeune tué par une bande rivale, ça arrivait tous les jours ici. Alors ils le laissèrent rapidement quitter le tabouret sur lequel il était assis. Ciro les salua et quitta le commissariat. Il fut surpris de trouver Marcelo qui l'attendait devant. Le visage fatigué, son regard d'aigle vieillissant, aussi las que d'habitude. Ciro se dirigea vers lui et s'effondra dans ses bras. Il pleura, enfin. Marcelo le réconforta comme un père qui savait ce que risquait un gosse ici pour une affaire d'honneur. Chiara avait tout raconté à Marcelo. Il l'avait entendue rentrer dans la nuit et sangloter. Marcelo ne l'avait pas frappée pour avoir désobéi. Il lui avait seulement demandé où était son frère. Il avait filé jusqu'au commissariat du quartier, se doutant qu'on retiendrait son fils le temps de comprendre ce qui s'était passé. Ciro n'arrivait pas à se calmer, il tremblait. Gianpaolo était mort pour lui, parce que la fille qu'il avait à son bras avait été insultée.

Ciro passa le reste des vacances à arpenter la ville, un couteau en poche. Il obligea Chiara à le suivre pour qu'elle lui montre le visage de ceux qui avaient tué son ami. Jour et nuit dehors, jusqu'au départ. Avant de monter dans la voiture, quand Marcelo chargeait les dernières affaires sur le toit, Ciro s'était enfermé dans les toilettes de l'appartement. Il y pleura en cachette parce qu'il ne retrouverait jamais les assassins de Gianpaolo, parce qu'à cause de lui, il était mort. Il n'aurait jamais dû l'amener, son amour pour Chiara l'avait perdu. Il pensa à son frère, qui avait donné sa vie pour conserver son honneur de petit Français. Il jura qu'une fois rentré à Paris, il ramènerait beaucoup d'argent à la maison. Il travaillerait plus dur encore, la concentration et l'effort physique qu'exigeait son activité étant les seules choses qu'il aimait sans qu'elles lui coûtent en retour. Aussi, il s'y consacrerait pleinement et oublierait Chiara. Il le fallait.

Il ne lui adressa plus la parole pendant des mois ; pour lui, cette fille était devenue une véritable malédiction.

*

1978

Chiara fêta ses 18 ans. Machinalement, sans que personne ne sache rien de son anniversaire, Ciro vieillit aussi de un an. Le lendemain de l'anniversaire de Chiara, Marcelo décréta qu'il devait aussi faire quelque chose pour Ciro. Il invita tous les ouvriers de leur chantier actuel à venir fêter ça, avec eux. Comme s'il sentait que Ciro en avait besoin, lui qui faisait pourtant semblant d'aller bien et de tout gérer seul. Sur le moment, Ciro avait pesté, intérieurement, contre son père. Tout ce qu'il voulait c'était rentrer chez lui, dîner en paix et dormir. Il n'avait pas de vraie date d'anniversaire, alors à quoi bon faire semblant ? C'était Chiara qui méritait d'être fêtée, pas lui. Il n'avait pas le cœur à la célébration. Les journées se faisaient de plus en plus pesantes et la perspective de retrouver la maison était bien la seule réjouissance. Il rangeait ses outils quand ils lui avaient tous souhaité son anniversaire et annoncé qu'ils allaient arroser ça. Il n'eut pas le choix et fut touché par l'insistance de ces hommes qu'il connaissait à peine. « Sois poli et travaille bien », lui avait répété Marcelo depuis qu'il avait débuté dans ce métier. « Fais cela et ils te respecteront. » Au départ, il était bien trop jeune pour ne pas être regardé de travers par les autres travailleurs. Mais il s'était accroché et avait suivi les conseils de son père. Ç'avait fini par payer – il s'en rendait compte maintenant.

Le chantier était à Choisy. Tous se rendirent au bistrot le plus proche, là où ils déjeunaient parfois le midi. Marcelo s'éclipsa un instant pour téléphoner à Cecilia et la prévenir qu'il rentrerait tard ce soir. Il lui expliqua qu'il fêtait l'anniversaire d'un collègue, il n'eut comme ça ni besoin de lui mentir, ni de lui dire toute la vérité. Après tout, Ciro était un collègue et sa femme serait déjà suffisamment énervée – qu'il rentre ivre et loupe le dîner – pour en rajouter. Pendant ce temps-là, Ciro avait eu le temps de trinquer une première fois avec tout le groupe. Marcelo les rejoignit, alors qu'ils encourageaient Ciro à boire son verre plus vite. Ce spectacle le fit sourire. Les langues se délièrent rapidement et Marcelo fut surpris de constater que Ciro parlait aussi. Rapidement il participa à toutes les conversations et il ne se souvenait pas l'avoir vu si volubile. Il racontait des anecdotes, celles emmagasinées durant sa courte vie. Marcelo fut surpris de les entendre, comme s'il n'en soupçonnait pas l'existence. Il pensait que son fils était un garçon sans histoires, un homme sans âge, un éternel orphelin qui, malgré ses efforts, resterait muet sur son passé et aveugle sur son futur – se contentant d'être ici, présent.

Ils burent beaucoup. Plus que ce qui était raisonnable pour des hommes qui travailleraient le lendemain au-dessus du vide. Mais le premier verre était déjà une erreur alors ils décidèrent d'y aller franchement, pour fêter l'un des leurs. Ciro était bourré. Il parlait trop et riait pour un rien. Il regrettait d'avoir commencé à boire. Sa dernière cuite remontait à des années, quand avec un ami ils avaient volé un litre de grappa en forçant la cave d'un restaurant napolitain pour y trouver à manger. Ils avaient descendu la bouteille sur le port, repus, en regardant le jour se lever. Ciro avait vomi ses tripes face à la mer. Depuis, il faisait attention de ne pas trop boire. Mais ce soir, il avait perdu le contrôle. Il refusa le dernier toast – il ne pouvait plus rien avaler. À cette confession, Marcelo répondit par un sourire – même ivre, il restait silencieux. Le seul effet que l'alcool semblait avoir sur lui était de détendre les traits de son visage, d'ordinaire si sévères.

Ciro enviait sa capacité à rester taiseux ; il aurait aimé revenir en arrière, plus tôt dans la soirée, pour pouvoir commander une limonade. Il se sentait sale – moite, le corps imbibé par la journée de labeur et par l'alcool qui brûlait son sang. Son front était nimbé de gouttelettes d'eau salée, qu'il essuyait sans cesse, les chassant un temps d'un revers de sa manche poussiéreuse. Ils étaient maintenant les seuls dans le bar. Le taulier leur offrit un ultime coup. Ciro n'eut pas le choix. Tous trinquèrent et inclinèrent le verre au-dessus de leurs gorges, simultanément, comme des soldats à la parade. Ils partirent à l'heure de la fermeture.

Dehors, devant le troquet, ils restèrent une dizaine de minutes à parler fort. Mais l'alcool et avec lui les forces les abandonnaient déjà. Il fallait rentrer chez soi pour tenter de rallonger une nuit qui serait malgré tout trop courte. Les ouvriers se séparèrent en souhaitant une dernière fois son anniversaire à Ciro. Il se retrouva seul avec Marcelo. Ils marchèrent jusqu'à la voiture, goûtant le calme et la fraîcheur de la nuit, après la lumière et le vacarme de la fête. Ciro vomit dans le caniveau. Marcelo attendit qu'il eût fini, lui maintenant la tête pour ne pas qu'il tombe ou se salisse. Un type qui promenait son chien changea de trottoir en l'apercevant, cassé en deux, penché sur le sol, émettant un râle de mourant. Vidé, tout alla mieux et il put marcher jusqu'à la voiture.

Ciro claqua la portière. Le moteur s'emballa, poussif. La voiture démarra et Ciro souhaita qu'elle ne s'arrête jamais – lui et ce père, partis pour un tour du monde infini dans un morceau de ferraille bruyant. Mais ils arrivèrent chez eux. Le moteur s'arrêta et le silence qui vint emplir ses oreilles était celui de la fin.

Plus aucun signe de vie dans la maison. Dans le plat, posé sur la table, le repas les attendait – froid. Ciro mangea les pâtes avec appétit et but beaucoup d'eau, pensant que cela suffirait à le rendre dispos après quelques heures de sommeil. À la fin du repas, alors que Ciro débarrassait son assiette, Marcelo l'arrêta.

– Laisse ça. Je vais le faire.

Il sortit son paquet de cigarettes de sa poche pour le poser sur la table.

– Va te coucher.

Ciro le salua. Marcelo lui mit une tape sur l'épaule.

– Bon anniversaire.

Ciro lui sourit et monta vers la chambre. Dans l'escalier, il ne se sentait déjà plus très bien. Le froid du matelas l'apaisa. Il essaya d'oublier la nausée et de s'endormir le plus vite possible, avant que le drap ne se réchauffe, sans un regard pour Chiara.

*

Depuis la mort de Gianpaolo, Ciro refusait systématiquement les vacances à Naples, préférant rester à Paris l'été pour travailler. Il effectuait des travaux dans le voisinage, tondait même les pelouses. Comme cela faisait de l'argent en plus pour toute la famille, personne n'y voyait d'inconvénient, même si Marcelo était chagriné de retourner au pays sans son fils. En attendant, Ciro avait le petit pavillon pour lui tout seul. À la fin de la journée, il s'asseyait dans la cuisine, ouvrait les fenêtres mais gardait les volets fermés. Il se préparait un pichet de citronnade, et le buvait entièrement. Parfois, lorsque les nuits étaient suffisamment chaudes, il dormait dehors, sur les dalles qui menaient jusqu'à la porte d'entrée, allongé sur une vieille couverture. Il appréciait les journées passées seul, faites d'un bonheur simple ; un travail fastidieux en pleine chaleur, une douche fraîche lorsqu'il rentrait et un repas devant la télé avant d'aller se coucher et de dormir d'un sommeil profond. Il s'écoula un mois sur ce rythme, avant que Chiara et les parents ne rentrent chez eux.

L'année suivante, Chiara obtint son bac. Facilement. Ses parents étaient fiers. Elle en profita, elle non plus ne voulait pas aller à Naples. Marcelo accepta que sa fille passe tout l'été à Paris et demanda à Ciro de veiller sur elle. Ciro n'obéit pas, indifférent au sort de la jeune femme qui disparaissait tous les jours à Paris et ne revenait qu'une fois la nuit tombée. Son devoir finit par se rappeler à lui.

Ciro referma la porte derrière lui et poussa un soupir de soulagement. Il retira son tee-shirt, le roula en boule et essuya son visage et son torse humides. Il avait travaillé tout l'après-midi, en plein cagnard. Il passa la main sur sa nuque. Brûlante. Il connaissait ces symptômes. Le contrecoup de l'insolation. Ce soir, il grelotterait avant de dormir. En attendant, il avait besoin d'une douche brûlante. Il s'apprêtait à monter à la salle de bains quand il la trouva, effondrée sur le fauteuil du salon. Chiara ne bougeait pas. Il vit tout de suite qu'elle avait pleuré. Ciro, qui ne s'intéressait plus à elle depuis longtemps, se méfia. Il s'était juré de ne plus retomber dans ses pièges. Il lui demanda malgré tout ce qui n'allait pas. Elle lui expliqua qu'elle s'était rendue dans un bar du quartier latin où ils cherchaient des serveuses. Elle y avait fait un essai. Tout s'était bien passé. Le patron l'avait engagée sur-le-champ. À la fin de son service, il avait insisté pour la ramener chez elle. Dans sa grosse voiture, il lui avait touché la cuisse avant de prendre sa main de force et de la poser sur son membre gonflé. Elle était sortie du véhicule en trombe. Ciro écouta l'histoire en allant puiser au fond de lui-même ses dernières ressources pour ne pas exploser. Il fit promettre à Chiara de ne plus retourner là-bas travailler – si elle voulait de l'argent, il partagerait sa paye avec elle. Il gagna ensuite l'étage. Dans la douche, il resta immobile, les yeux fermés, offert au jet jusqu'à ce que l'eau devienne froide.

Le lendemain, Ciro prit son petit déjeuner dans la maison vide et alla travailler – il devait installer une nouvelle gouttière sur un pavillon du voisinage. Une fois sa besogne effectuée, au lieu de rentrer chez lui, Ciro se rendit à la gare à pied. Il prit le train jusqu'à Paris. À Saint-Michel, il demanda son chemin à un groupe d'étudiants. Il trouva le bar. Ciro entra dans l'établissement et repéra immédiatement l'homme qu'il cherchait – il donnait des ordres à ses employés et des grands sourires aux clients. Il s'installa au comptoir et but quelques bières qui lui rendirent un peu de sérénité. Quand on lui annonça que le bar fermait, il sortit et attendit patiemment au coin de la rue. Il n'était pas pressé. Au pire, il reviendrait. Une vingtaine de minutes plus tard, Ciro le vit partir ; le patron claqua les fesses d'une serveuse qui sortait, avant de fermer le rideau de fer.

Ciro le suivit, marchant quelques mètres derrière lui. Le type entra dans un parking souterrain. Ciro n'en demandait pas tant et se faufila derrière lui, avant que la porte ne se referme. Il le laissa gagner sa voiture. Ciro attendit qu'il déverrouille les portières du véhicule pour siffler, légèrement, juste pour qu'il se retourne. Alors qu'il lui offrait son profil, Ciro le frappa à la gorge ; d'un coup sec, donné avec son avant-bras. Il lui envoya ensuite son genou dans le ventre, ce qui acheva de le plier en deux. Il tomba, la respiration sifflante, incapable de reprendre son souffle. Ciro le rejoignit au sol, lui bloqua la tête et sortit un petit tournevis de sa poche, un de ses outils, qu'il posa au bord de sa paupière gauche. Il n'entendait pas les cris et appuya, jusqu'à faire perler une courte larme de sang dans ses yeux.

L'autre le suppliait d'arrêter, lui disait qu'il lui donnerait tout, qu'il ferait tout ce qu'il voudrait. Mais Ciro ne voulait rien, rien de matériel, ni aucune promesse ou bénédiction. Il voulait seulement lui faire mal. Qu'il se souvienne toujours de ce moment d'impuissance, en face de plus fort que lui. Comme Chiara se souviendrait toujours de sa main posée sur le sexe d'un patron de bar, alors qu'elle venait d'avoir 18 ans et qu'elle ne voulait pas. Ciro ne lui parla pas de la raison pour laquelle il faisait ça ; il ne lui dit rien, pas une insulte, pas un mot. Comme ça, il ne saurait jamais pourquoi. Il s'arrêta juste à temps, avant de lui crever l'œil, se releva et enfonça les portières de la belle voiture à coups de pied.

Il partit, soulagé d'avoir accompli son devoir. Lorsqu'il rentra chez lui, il fut surpris de trouver Chiara dans le salon, vêtue d'un short, en train de lire un magazine, une cigarette à la bouche. Il ouvrit les volets sans rien dire. Il ne voulait pas que le salon sente le tabac. Cecilia n'aimait pas ça et même Marcelo, lorsqu'il fumait à l'intérieur, ne le faisait que dans la cuisine, la fenêtre ouverte. Ciro alla se chercher une bière dans le frigo, un peu d'alcool pour calmer ses nerfs, et alluma le poste de télévision. Elle leva les yeux de son magazine.

– Où étais-tu ?

– À Paris.

– Qu'est-ce que tu faisais ?

– Et toi, pourquoi tu es encore là ?

– Tu m'as dit de ne plus retourner au travail, lui répondit-elle.

Il avala une gorgée de bière sans broncher. Elle se leva du fauteuil et vint s'installer à côté de lui. Il eut toutes les peines du monde à rester stoïque lorsque sa main frôla sa cuisse alors qu'elle se laissait tomber sur le canapé.

– Tu m'en donnes un peu ?

Il se surprit à lui tendre la bière, comme si de rien n'était, alors qu'il ne voulait pas qu'elle boive. Mais il aurait tout fait pour qu'elle ne s'occupe pas de lui, qu'elle retourne s'asseoir là où elle était pour lire son magazine.

Plus tard, épuisé, Ciro installa son lit de fortune devant la maison, comme à chaque fois qu'il savait qu'il aurait trop chaud à l'intérieur pour trouver le sommeil. Elle le rejoignit dehors, sur la couverture. Il ne l'avait même pas effleurée quand elle se tourna vers lui pour déposer ses lèvres sur les siennes. Ils s'embrassèrent, pendant de longues minutes, jusqu'à ce que leurs baisers deviennent fougueux, que leurs mains pétrissent leurs corps avec force, que le rouge leur monte aux joues.

– Je vais t'apprendre à faire l'amour. Comme ça, tu pourras toujours avoir des femmes dans ta vie. Si tu sais leur donner du plaisir, elles le sentiront et viendront vers toi.

– Et toi ? Si j'y arrive, tu ne voudras pas de moi ?

– Toi ! Ciro, je peux avoir tous les hommes que je veux. Si un jour ça s'arrête, je reviendrai vers toi. Mais uniquement si tu me fais bien l'amour.

Il réfléchissait, maintenant nu à côté d'elle. Il attendait ce moment depuis des années mais, après ce qu'elle venait de lui dire, il n'avait qu'une seule envie : être loin d'ici, se retrouver seul, face à la mer. Il retira sa main de son sein, l'appuya à côté de sa tête, pour pouvoir se relever. Mais, au même moment, Chiara enlaça sa nuque et l'embrassa, poussant sa langue gorgée de sucre jusqu'au fond de sa bouche. Son coude plia et il lui rendit son baiser, plus violent encore, se refusant de penser qu'elle le rendrait malheureux toute sa vie ; ce qu'il savait déjà.

Elle l'attira en elle et il découvrit une chaleur qui lui était inconnue, un endroit rempli de soleil dont il ne voulait pas partir. Il pensait qu'il viendrait tout de suite, mais, étrangement, il eut du mal à terminer – comme s'il savait qu'il n'y aurait pas de deuxième fois. Il restait dur en elle, allant et venant, sans pouvoir s'arrêter. Chiara gémissait tellement qu'elle lui prit la main et la plaqua sur sa bouche, ce qui le fit durcir encore plus. Il crut à un moment que tout ça ne finirait pas, qu'il resterait à jamais en elle, prisonnier.

Ciro sentit qu'il allait jouir lorsqu'elle lui mit la tête dans ses seins. Surpris, il se retira instantanément, comme pour ne pas souffrir d'avoir à le faire plus tard. Il roula, cherchant le froid de la pierre pour calmer les spasmes de ses jambes. Il eut honte d'être si bouleversé. Se dit que pour elle, c'était normal. Il força sa mémoire, se souvint de la fois où il l'avait surprise dans la voiture. Il serra les dents, ferma les yeux en suppliant le ciel de ne pas le laisser pleurer. Elle ne se rendit compte de rien, le nettoya comme une louve, baladant sa main et sa langue sur son corps affaibli. Quand elle vint se blottir contre lui et lui demanda si ça allait, il ne répondit pas et l'embrassa du bout des lèvres. Il ne sut jamais qu'elle avait le goût du sang dans la bouche et que si elle l'avait essuyé, c'était pour qu'il ne remarque pas le cadeau qu'elle lui avait fait.

*

Ils devaient partir. Chiara sentit qu'il pensait à autre chose et serra fortement ses mains dans les siennes pour le ramener à l'acte. Ciro intensifia son va-et-vient, espérant chasser sa gamberge. Ses yeux passaient de ses seins gonflés de plaisir à sa bouche ouverte. Il lui faisait l'amour en essayant de se concentrer.

Ça ne pouvait plus durer. Depuis l'été, ils multipliaient les ébats dans leur chambre d'enfants, allant sagement se coucher après dîner pour mieux jouer à des jeux d'adultes. Ils se faisaient du pied sous la table, s'embrassaient dans la salle de bains alors que Cecilia était dans le couloir. Ils jouaient avec le feu.

Au début, Ciro aimait ça. Ça l'excitait. Mille fois ils avaient failli se faire prendre, la confiance les poussant à prendre, chaque jour, de moins en moins de précautions. Maintenant, il vivait mal la situation. Il ne trouvait pas ça correct vis-à-vis de Marcelo et Cecilia. Ciro avait honte. La situation ne pouvait plus durer. Après chaque orgasme, il avait l'impression d'être une merde. Un type qui avait trahi les siens. Il devait parler à son père. Tout lui avouer. Peu importaient les conséquences.

Elle gémit. Fort, trop fort. Elle allait jouir, il le savait. Bientôt. Il se glaça.

– Qu'est-ce qui t'arrive ?

Ciro tendit l'oreille, attentif au moindre bruit qui proviendrait de la chambre parentale. Rien. Seulement le halètement de Chiara qui le pressait contre lui. Elle l'attira vers la chaleur. Il refusa, bloqua son bassin en arrière.

– On ne peut pas continuer comme ça... Il faut qu'on...

– Tais-toi ! Arrête de penser.

Chiara accentua sa prise, l'accompagna de coups de poignet rageurs. Il jouit sur son ventre, étala le sperme autour de son nombril. Les spasmes cessèrent bientôt et il se laissa retomber sur le matelas. Chiara saisit la couverture et s'essuya le ventre avec. Elle frotta plus fort que nécessaire et la laine lui irrita la peau. Ciro n'était qu'un idiot. Ses parents ne comprendraient jamais. Mais elle le savait têtu comme une mule, obsédé par l'honneur, trop obéissant pour réfléchir à ce qui était bon pour lui, ce qui était bon pour eux. Il ronflait déjà. Il ne se rendait pas compte. Elle savait déjà. C'était la fin. Ciro s'apprêtait à fermer la porte d'une période blanche, volée à la vie, hors de toutes règles – un amour caché, pur. Elle ferma les yeux à son tour. Elle espérait se tromper.

*

1979

L'hiver allait frapper. Tous les ouvriers savaient reconnaître ce premier jour. En quittant la maison, Ciro avait ressenti l'humidité pénétrer ses os un peu plus.

Maintenant exposé au vent, au dernier étage d'un immeuble en construction, il se sentait encore plus vulnérable. Il jeta un coup d'œil à Marcelo, accroupi, qui ajustait un boulon. Le bas de son visage était caché par un épais cache-nez, ses yeux mouillés brillaient dans le jour naissant. Ce n'était pas le bon moment. Ce ne serait jamais le bon moment.

– Je vais partir.

Marcelo ne releva pas la tête tout de suite, comme s'il refusait d'intégrer ce que venait de lui dire son fils. Ciro lui répéta qu'il quittait la maison. Il lui expliqua que ce serait mieux pour lui et Cecilia de ne plus l'avoir sur les bras. Avec son salaire, il louerait une chambre à Paris. Marcelo se releva doucement, faisant craquer ses genoux, et lui fit face, le dominant de sa taille.

– Tu pars avec ma fille ?

Ciro lui dit la vérité et fut surpris de ne pas déclencher les coups de son père. Marcelo ne lui répondit rien. En vérité, il ne savait pas trop comment réagir. Il se doutait qu'entre les deux couvait depuis toujours quelque chose qui ne pouvait pas s'épanouir sous son toit. Il n'avait rien à leur reprocher, comme s'il savait déjà et s'était habitué à ce couple. Peut-être même était-il secrètement soulagé ?

*

Le loyer n'était pas élevé. Le propriétaire ne réclamait pas grand-chose de son taudis. Il reluqua seulement Chiara et Ciro dut faire mine d'ignorer son regard lubrique et résister à l'envie lui envoyer son poing en pleine bouche. Ciro paya d'avance, la location de la minuscule chambre de bonne rue du Faubourg-Poissonnière était assurée pour trois mois. L'endroit était miteux, il sentait l'humidité et le bois pourri. Mais il les éloignerait des Zaccariello. Chiara voulait absolument habiter Paris. Elle disait que c'était plus pratique pour se rendre à la fac mais Ciro savait que c'était son obsession ; quitter la banlieue, à tout prix. Il ne restait plus qu'à annoncer la nouvelle à Cecilia. La mère de Chiara entra dans une colère noire, traita mille fois Ciro de bâtard et sa fille de pute. Elle tapa sur les murs jusqu'à ce que les sanglots l'épuisent. Elle prit l'habitude de s'enfermer dans sa chambre, à passer la majeure partie de ses journées allongée sur son lit fait – quand elle ne pleurait pas, elle somnolait pendant des heures, serrant ses jambes repliées avec ses bras frêles.

Ciro et Chiara emménagèrent – Marcelo leur prêta le break pour qu'ils puissent installer chez eux les meubles que Ciro avait trouvés dans une brocante du voisinage.

Chiara étudiait à la Sorbonne. Ciro courait les chantiers, parfois avec son père, parfois seul. Le week-end, le couple retournait manger à Vitry, à la table familiale. Des repas durant lesquels la mère ne décrochait pas un mot et le père s'efforçait de combler les blancs. Marcelo était content que sa fille revienne à Ciro. Il était sûr qu'elle serait comblée avec un type simple et droit, qui l'aimait depuis qu'il avait posé les yeux sur elle. Il venait même leur rendre visite de temps en temps, manger un plat de pâtes sur l'étroite table de leur piaule.

*

Chiara délaissa bientôt la fac pour les cours de théâtre. Six mois plus tard, son professeur lui proposait un rôle dans une pièce qui se jouait à la fin du printemps. La comédienne s'était désistée et le professeur de Chiara lui avait demandé de la remplacer au pied levé. Elle était si fière. Ciro se souvenait encore de la manière dont elle le lui avait annoncé quand il avait franchi la fine porte de la chambre, épuisé par sa journée de travail. Un « devine quoi ? » ponctué d'un pas de danse et d'un tour sur elle-même, comme si elle valsait avec son ego. *Songes d'une nuit d'été*. Ciro lui demanda ce qu'était un « songe ». Elle lui répondit que c'était un *sogno*. Il lui demanda ce que racontait la pièce. Elle lui expliqua que c'était drôle. Alors Ciro ne se méfia pas. Il la félicita et promit qu'il viendrait la voir pour la première. Son enthousiasme était sincère. Il voulait y aller. Être fier d'elle et rentrer à la maison en la tenant par le bras. Peut-être qu'elle le verrait, avant la représentation, à travers le rideau. Peut-être que cela la ferait sourire, de le voir et de penser que c'était la deuxième fois qu'elle le faisait aller au théâtre.

Ciro trouva l'endroit facilement, dans une impasse qui partait de la rue du Chemin-Vert. Comme prévu, il arriva le premier, une vingtaine de minutes avant le début du spectacle. Il choisit de se placer tout au fond, près de la sortie, alors qu'il aurait pu se mettre n'importe où. En voyant les premières personnes prendre place, il se dit qu'il avait fait le bon choix. Il ne voulait pas qu'on puisse faire le rapprochement entre eux deux, que ses amis artistes puissent voir la gueule du type avec qui elle partageait sa vie.

La salle se remplit peu à peu, tandis qu'il jouait nerveusement avec le ticket d'entrée, le roulant en une fine cigarette. Il ne ressemblait à personne ici. Le fait de détonner dans le paysage l'inquiéta encore plus. Il passa plusieurs fois la main dans ses cheveux, comme si cela pouvait chasser son angoisse. Il sursauta lorsqu'un jeune couple l'effleura pour s'installer sur les sièges à côté de lui.

Le noir tomba et avec, la sensation que tout allait mal finir. Il respirait déjà trop fort quand la pièce commença. Il ne savait pas quel rôle jouait Chiara. Elle apparut, son cœur se serra quand il constata qu'elle était très légèrement vêtue. Ses formes, mangées par la lumière. Impossible de se concentrer sur les dialogues, Ciro ne les comprenait pas. La seule chose accessible à son cerveau d'illettré était qu'elle jouait la femme d'autres hommes. Il attendit, enfoncé dans son fauteuil, impuissant, et assista à la scène qu'il pressentait depuis que le rideau s'était levé. Elle embrassa le comédien avec lequel elle jouait, après avoir passé une jambe autour de sa taille, dévoilant sa cuisse nue à toute la salle. La même jambe qu'elle passait autour de ses reins lorsqu'ils faisaient l'amour.

Ciro craqua avant la fin. Il quitta la salle en vitesse pour aller vomir aux toilettes. Il entendit les applaudissements, ses yeux brûlés fixés sur leur reflet dans le petit miroir situé au-dessus du lavabo. Chiara sortit saluer la salle, balançant ses charmes au monde conquis. Ciro fracassa le miroir émaillé d'un coup de poing. Pendant qu'elle buvait les hommages, il quitta le théâtre, du papier toilette collé à sa main droite par le sang qui coulait de ses phalanges. Dehors il croisa deux types, habillés de manteaux en cuir, qui fumaient un joint devant une porte d'immeuble, à deux pas du théâtre. Il leur demanda une clope qu'il ne voulait pas fumer. Les deux types lui répondirent qu'ils n'en avaient pas. Ciro ne bougea pas un cil et réitéra sa demande. Ils lui dirent de dégager et l'insultèrent, mais il refusait toujours de partir. Ciro finit par obtenir ce qu'il voulait, au fond. L'un des deux types s'approcha de lui. Il lui répéta pour la dernière fois de dégager, le poing en l'air, prêt à frapper. Ciro frappa le premier. L'autre eut l'impression de recevoir une brique en pleine bouche et s'effondra. Le deuxième n'eut pas le temps de sortir le couteau qu'il avait dans sa poche. Ciro se pencha sur sa deuxième victime pour l'assommer définitivement, d'un coup derrière l'oreille. Le sang de Ciro, sur ses mains, se mélangeait maintenant à celui des deux hommes. Il voulait continuer mais s'arrêta lorsqu'il entendit les cris d'effroi des spectateurs qui sortaient du théâtre. Ils le regardaient tous. Il ne savait pas si Chiara était dans cette foule. Il ne l'y chercha pas longtemps parce qu'il ne voulait pas lui infliger publiquement le spectacle de ce lien immonde, eux qui n'étaient pas du même sang mais de la même misère. Pourraient-ils comprendre ? Comment une si belle femme pouvait éprouver de l'attirance pour un homme qui se battait comme un chien enragé ?

Il partit en courant vers la station de métro, les poings dans les poches, pour cacher ses blessures. Sous terre. La tête bourdonnante. Il se laissa tomber sur un strapontin. Quelques minutes plus tard, une fille sublime pénétra dans le wagon et vint s'asseoir face à lui. Il ne parvint pas à s'empêcher de la fixer. Il voulait lui parler. Finir dans ses bras. Les bras d'une autre, juste pour faire passer la douleur. Pour rendre un peu de la jalousie qui le bouffait. Mais Chiara avait raison. Il n'aurait jamais le droit de toucher une autre qu'elle. Il était laid, ne savait pas lire, ne valait rien. Et il ne pensait plus qu'à Chiara. Celle qui pouvait faire ce qu'elle voulait, qui connaîtrait plus d'hommes qu'il ne connaîtrait jamais de femmes.

Ciro arriva à sa station et descendit. La fille du métro ne lui avait pas jeté un seul regard, même par erreur. Il rentra chez eux, s'effondra sur le lit et sombra – encore habillé.

*

Ça le réveilla. On frappait à sa porte. Ciro ouvrit un œil. Le bruit s'intensifia. Il se redressa sur son lit, chercha de la salive à déglutir et eut l'impression d'avaler une poignée de sable. Ciro alla ouvrir en maillot de corps et en caleçon. Son père était à la porte. Ciro se sentit gêné et l'invita à entrer pendant qu'il allait s'habiller. Il enfila en hâte un pantalon et une chemise.

– Ça fait une semaine que tu ne viens plus travailler, lui dit Marcelo. Qu'est-ce qu'il y a ?

Ciro ne répondit pas. Marcelo embrassa la chambre du regard.

– Où est Chiara ?

– Je ne sais pas.

– Alors c'est à cause d'elle.

Marcelo souffla – son fils le fuyait.

– Ciro, ne m'oblige pas à te supplier de m'expliquer. Si tu veux parler, parle. Sinon, excuse-moi de t'avoir dérangé.

Ciro lui dit tout. Qu'il l'aimait. Que ça ne suffisait pas. Que ça ne suffirait jamais. Il lui raconta le théâtre. Elle n'était pas revenue depuis, elle l'avait sûrement vu se battre, il avait eu honte, il avait encore honte, il n'avait pas cherché à la ramener à la maison, il aurait dû, il regrettait, il avait peur. Marcelo l'écouta attentivement avant de parler, plein de cette sagesse triste, celle des hommes qui n'ont pas fait de leur vie ce qu'ils voulaient.

– Tu es ce que tu es. Je sais que tu aimes ma fille. Mais elle ne te rendra jamais heureux. C'est comme ça. Ce n'est de la faute de personne. Tu es trop simple. Elle est trop compliquée. Si tu dois apprendre à la haïr pour ne plus avoir de peine, alors fais-le. Et reviens-moi. Parce que tu es en train de souffrir pour rien et qu'il n'y a aucune limite à la souffrance, sauf celle que tu te fixes.

Marcelo embrassa son fils sur le front et quitta l'appartement. Ciro alla à la fenêtre et regarda la silhouette de Marcelo s'éloigner dans la rue. Au moment de tirer le rideau, il vit le jour, triste à travers les carreaux.

Chiara revint quelques semaines plus tard, au moment où il ne l'attendait plus. Ciro montait l'escalier, des sacs de courses à la main, lorsqu'il la vit, debout sur le palier. Les cheveux lâchés, tombant au milieu de son dos, elle portait une courte robe beige. Il tenta de masquer de son mieux le choc provoqué en lui par son apparition. Il ouvrit la porte, sans un mot, lui jetant seulement un petit regard en coin au moment où il tournait la poignée. Il laissa la porte ouverte. Elle entra derrière lui. Il posa les courses sur la table. Il cherchait le premier mot. Elle le devança :

– Alors ?

Il lui fit face, les bras ballants le long du corps.

– Alors quoi ? Tu disparais pendant un mois et c'est à moi que tu demandes ça ?

– Tu ne m'as pas donné de nouvelles non plus.

– Et comment j'aurais pu ? Comment je pouvais savoir où tu étais ?

Il n'aurait pas dû hausser la voix. Elle cria à son tour.

– Et tu peux m'expliquer ce qui t'a pris ? Te battre contre ces deux types, tu cherchais quoi exactement ? Tu voulais te donner en spectacle ?

Il resta là, incapable de répondre. Elle reprit, appuya la lame un peu plus fort :

– Tu voulais me faire honte ?

Elle se rapprocha de lui. Il pouvait voir les larmes danser dans ses yeux.

– Réponds.

Il ouvrit les bras à temps. Elle se rua sur lui et le frappa de toutes ses forces. Il l'enserra pour la calmer, attendit qu'elle s'épuise à marteler son torse à poings fermés. Il dit :

– J'étais assis et j'ai senti une douleur dans la poitrine. J'ai tenu, je pensais que ça passerait. Mais la douleur était trop forte. Je suis parti. Et j'ai croisé ces deux types, je ne voulais pas me battre et…

Elle croisa son regard, le contraignit à avouer.

– Enfin si, je voulais me battre. Je voulais les tuer. Au moins les cogner jusqu'à ce que la douleur passe. Et je ne voulais plus te voir. Parce que ça sera toujours comme ça.

– Tout ça parce que j'ai joué la comédie ?

Elle ne pouvait pas comprendre. Il décida de tout lui expliquer.

– La vie t'a donné des choses qu'elle ne m'a pas données. Je ne suis pas malchanceux. Seulement je ne suis pas à ton niveau. Personne ne l'est. Tu seras toujours devant, tu auras toujours ce que tu veux. Tu te souviens quand tu répétais que tu étais faite pour un autre monde ? Eh bien, tu avais raison. Je n'ai rien à t'offrir. Tu vaux mieux que moi. On n'y peut rien. Quelqu'un l'a décidé pour nous.

Comme elle ne répondait rien, il l'acheva :

– Là, j'ai envie de te garder dans mes bras. Tu me diras que c'est fini. Mais c'est faux. Je suis incapable de te faire du mal, de me faire passer avant toi. Et ça fait tout merder. À chaque fois. Je ne dois plus te voir. C'est mieux pour moi.

Elle lui rit au nez, secoua la tête, navrée par ce qu'elle venait d'entendre.

– Tu veux que je te dise ce que c'est ton problème ? C'est que tu as peur. Tu n'as aucune ambition ; je suis très heureuse avec toi, dans cette chambre, mais je ne pourrais pas passer ma vie ici. Toi si. Seulement, tu ne supportes pas que j'aie d'autres envies que les tiennes. Alors tu peux toujours faire comme papa, me sortir le coup de l'honneur et tout ça. La vérité, c'est que vous avez un problème avec les femmes, que vous ne supportez pas qu'elles mènent une autre vie que celle de leurs mères. Mais moi, je ne vais pas attendre toute ma vie que tu rentres de tes chantiers en te préparant le dîner.

Avant de lui tourner le dos, elle conclut :

– Oublie-moi, Ciro, c'est sûrement plus facile que d'essayer de prendre le risque qu'on ne soit pas faits l'un pour l'autre. Reproche-moi ce que tu voudras. Seulement, ne le regrette pas plus tard, ton choix de lâche.

*

1980

Ciro n'avait pas repris le travail. Il savait que c'était dangereux pour lui, que c'était l'accident assuré. Il passait ses journées dehors, loin de la chambre de bonne qui lui rappelait trop Chiara. Le jour à errer, la nuit à boire. Le même rituel. Bière et whisky, les nerfs à vif adoucissant l'alcool dans son sang, le rendant inefficace. Impossible de se saouler. Impossible de dormir. Il trouva rapidement la solution. La même que lorsqu'il était enfant, dans un autre pays, déjà dans une ville bien méchante. La meilleure de toutes pour chasser la haine de sa condition. La plus universelle, celle à l'origine de tous les maux de la terre.

Un bar sordide, près de la porte de la Chapelle. Ciro avait déjà pas mal picolé. Debout, cassé en deux sur le bar, les coudes vissés sur le comptoir, il ne restait qu'un fond de mousse sans bulles au fond de son verre à bière. Dans le bar, quatre motards – barbes, vestes en jean et bandanas – occupés à jouer au billard dans un coin de la salle. Ça allait se jouer avec eux. Ciro n'était pas pressé, il ne rentrerait pas chez lui cette nuit et l'alcool ne lui faisait plus aucun effet, alors... Il décida de ne pas finir sa bière, d'en demander une autre. Il serra et desserra ses poings frénétiquement en attendant que son verre lui revienne à nouveau rempli. Son corps répondait. Sans doute la seule chose sur laquelle il avait toujours pu compter – sauf en présence de Chiara. Ciro but une gorgée pour les morts. Les amis, les espoirs, Gianpaolo et l'amour. Toutes les choses disparues qui charriaient en lui toute la douleur des illusions. Les boules claquèrent – hurlement de joie et de détresse. Un gagnant et un perdant. La vie et le peu de philosophie qu'elle recèle, tout ça résumé dans l'arrière-salle d'un troquet enfumé.

Un des motards s'approcha du bar pour commander une énième tournée. Le barman acquiesça, actionna la tireuse. Le motard balada son regard sur le zinc. Il ne dévisagea pas Ciro, il posa seulement par erreur ses yeux sur lui. Un battement de paupières. Ciro lui éclata son verre en pleine bouche. Le motard chancela, porta les mains à son visage. Ciro s'appuya de toutes ses forces sur le comptoir et lui envoya sa semelle en plein sternum. Sa victime s'effondra. Les autres motards avaient quitté le billard et fonçaient déjà sur lui, canne en main. Ciro saisit un tabouret. Le balança. Un deuxième. Il prit un truc en pleine face. Une boule de billard. Il sentit la peau de son front s'ouvrir. Il agita ses poings pour faire reculer les motards. Quelque chose se fracassa sur son crâne. Il tomba à la renverse. Les coups se mirent à pleuvoir. Les pointes de botte martelaient son aine, ses côtes, son crâne. Ciro se roula en boule et se protégea du mieux qu'il put. La douleur surgissait de partout. Et puis plus rien, pendant quelques secondes. Il sentit le froid sur sa joue. Un des motards sortit un revolver de sa ceinture. Il le braqua sur la joue de Ciro, la déforma en faisant pression avec le canon. Ciro vit le type hésiter, peser le pour, le contre, avant de lever son arme et de la coincer dans sa ceinture – avec l'air déçu qu'un emmerdeur de son genre s'en tire à si bon compte. Les mecs le rouèrent à nouveau de coups de pied pour la peine et Ciro crut que sa rate allait exploser jusqu'à ce qu'ils le sortent du bar et le balancent sur la chaussée.

Dehors, Ciro rampa jusqu'au porche le plus proche. Là, il se vomit dessus et s'endormit, recroquevillé sur le sol. Le concierge de l'immeuble à côté lui apporta un verre d'eau, le lendemain matin. Ciro ne se fit pas prier. Il demanda seulement au concierge de l'aider à se relever. L'homme, découvrant son état, lui proposa d'appeler une ambulance. Ciro refusa, il rentra péniblement chez lui en se tenant le ventre.

Il faisait nuit lorsque Ciro se réveilla chez lui avec l'impression que quelque chose avait explosé dans son cerveau. Il se traîna jusqu'à la salle de bains et inspecta les dégâts dans le miroir émaillé. Il avait deux cicatrices à l'arcade gauche, espacées de quelques millimètres, sur lesquelles le sang avait séché, une dent en moins, une autre ébréchée et, pour finir, une pommette éclatée, à tel point qu'elle emportait, avec elle, tout le dessous de sa paupière. Chaque respiration lui donnait l'impression d'avoir du verre dans les poumons. Il souleva délicatement son tee-shirt et constata qu'il avait deux côtes enfoncées, recouvertes d'une méchante boursouflure violacée. Les stigmates de son combat contre lui-même. Ciro se bourra de tout l'alcool qui restait dans sa chambre, fourra tout l'argent qu'il avait économisé dans ses poches et sortit, sans même fermer la porte à clé.

Ciro sonna à la porte du pavillon et se dit que c'était bien la première fois. Même si elle n'était jamais fermée à clé, Ciro laissait systématiquement Marcelo l'ouvrir et entrer le premier – sans la protection de son père adoptif, il ne se serait jamais senti chez lui. Il entendit les pas, à l'intérieur, se rapprocher. Cecilia lui ouvrit, choquée de le trouver dans un tel état. Même si elle s'était toujours défendue d'une quelconque affection pour lui, il surprit de la pitié dans ses yeux, celle d'une mère qui sait que son enfant ne changera jamais et se fera toujours du mal, jusqu'au pire. Cecilia effaça rapidement l'expression de son visage.

– Qu'est-ce que tu veux ?

– Marcelo est là ? J'aimerais lui parler.

Elle acquiesça et le laissa entrer. Marcelo était dans la cuisine, il fumait une cigarette – il détailla les blessures de Ciro sans faire aucun commentaire. Ciro tira une chaise de sous la table et s'y laissa tomber. Cecilia vint les rejoindre dans la cuisine, debout contre le plan de travail – comme pour leur faire comprendre que leurs petites réunions d'hommes étaient terminées, qu'il n'y aurait plus de combines dirigées contre Chiara.

– Je m'en vais, annonça Ciro.

Cecilia lâcha un petit rire nerveux.

– Maintenant que tu as détruit notre famille, tu t'enfuis…

La haine déformait son sourire.

– J'ai toujours su que tu ne nous apporterais rien de bon. Je n'ai jamais pu avoir de fils. Et toi, tu nous as fait perdre notre fille, de quel droit…

Plutôt que de finir sa phrase, elle saisit une assiette sale derrière elle et la lui jeta au visage. Ciro l'évita *in extremis*. Elle s'apprêtait à lui en lancer une autre quand son mari se leva pour la maîtriser. Elle arrêta de se débattre. Une fois calmée, elle quitta la pièce sans un regard pour personne. Il ne restait plus que les deux hommes et la tension retomba d'un cran.

– Je retourne à Naples, avoua Ciro.

– Qu'est-ce que tu vas y faire ? demanda Marcelo.

– La même chose qu'ici.

– Tu pars quand ?

– Le plus vite possible.

Marcelo se leva et serra, pendant longtemps, son garçon dans ses bras. Ciro dut se retenir pour ne pas pleurer.

– Donne-moi de tes nouvelles, Ciro.

– Je t'appelle quand je suis installé. Promis.

Ciro laissa tout derrière lui, quitta Paris avec pour seul bagage ses économies en liquide, cachées dans ses chaussettes et dans son caleçon. Il prit plusieurs cars, le bateau, et fit du stop à plusieurs reprises. Il dormit dans les gares, pour ne pas gaspiller son argent en nuits d'hôtel. Au bout de trois jours, il arriva dans la ville où il était né.

Ciro changea l'argent qu'il avait à un taux avantageux et loua une chambre chez une logeuse, dans un quartier populaire mais plus tranquille que celui de son enfance. Il trouva du travail rapidement. Il ne lui fallut que deux jours pour retrouver les chantiers et sa langue maternelle. Il ne fréquentait personne hors du travail, se couchait tôt et ne buvait pas. Il réapprenait à vivre. Le dimanche, il allait au cinéma ou au stade, quand il y avait des matchs. Au bout de quelques mois, il quitta la chambre pour se louer un petit appartement, toujours dans le même quartier. À ce moment-là, alors que le printemps arrivait, il décida d'appeler Marcelo.

*

Marcelo ne voyait presque plus Chiara – elle ne discutait qu'avec sa mère, et de plus en plus rarement. Elle fuyait le pavillon familial, comme si sa modestie la dégoûtait. Pour la voir, Cecilia devait se déplacer jusqu'à Paris, où Chiara logeait, boulevard Saint-Germain. Marcelo n'aimait pas ça, la façon dont elle menait sa vie. Lorsque Marcelo avait demandé à sa femme comment leur fille pouvait avoir les moyens de louer un appartement, celle-ci lui avait répondu qu'elle travaillait... Marcelo pensait qu'elle vivait avec un homme et il détestait imaginer que Chiara vivait de cet argent – s'en voulant de ne pas être assez riche pour subvenir à ses besoins. Ses enfants avaient réussi à scinder la famille en deux. Cecilia défendait sa fille. Lui se sentait plus proche de Ciro alors que pourtant son sang lui était étranger.

Le père et le fils s'appelaient régulièrement. Une à deux fois par semaine. Ils parlaient du travail, évoquaient leurs chantiers respectifs, Ciro lui parlait du manque de matériel et des conditions plus rudimentaires qu'en France. Marcelo lui disait qu'il avait appris le métier là-bas, que c'était la meilleure des écoles, celle qui avait fait de lui un bon ouvrier. Il parlait aussi de choses plus légères qu'ils n'avaient jamais évoquées du temps où ils vivaient sous le même toit : les résultats du Napoli, les parties de pêche sur l'île d'Ischia, dans le golfe de Naples. Ciro ne put s'empêcher de demander des nouvelles de Chiara. Marcelo lui apprit qu'elle allait jouer dans un film, que le réalisateur était devenu fou d'elle, qu'elle ne parlait que de ça. Ciro eut un petit pincement au cœur mais fut content pour elle, insensible maintenant qu'il était loin. C'est ce qu'elle voulait faire et elle avait du talent. Elle méritait ce qui lui arrivait.

L'été approchait et Ciro téléphona à Marcelo pour lui proposer de passer à nouveau les vacances ensemble. Il lui dit qu'il pourrait leur trouver une location ; Marcelo et Cecilia n'auraient rien à faire, lui s'occuperait de tout sur place. Marcelo lui dit qu'il allait réfléchir, qu'en ce moment tout était un peu compliqué ici, mais il promit de le tenir au courant.

Cecilia coupait des légumes pour le dîner. Lorsqu'elle vit son mari entrer dans la cuisine, après avoir raccroché, elle lui jeta un coup d'œil méprisant. Elle ne comprenait pas comment son mari pouvait attendre ces coups de téléphone avec impatience.

– Qu'est-ce qu'il voulait encore ? lui demanda-t-elle.

– Il nous invite à passer les vacances chez lui.

– Il est hors de question que je mette les pieds chez ce bâtard.

Marcelo serra le poing. L'espace d'un instant, il se vit gifler sa femme. Il réussit à se retenir et sortit une Gitane de son paquet, qu'il porta à sa bouche.

– Eh bien moi, j'irai, parce que ce bâtard est mon fils.

– Tu le préfères à ta propre fille ! lui lança-t-elle.

– Il s'est toujours bien comporté ici, il a travaillé dur, a ramené de l'argent à la maison, pour nous tous !

– Et il a corrompu Chiara...

– Crois-moi, elle n'avait pas besoin de lui !

Cecilia se coupa le doigt en entendant ces mots. Du sang coula sur les tomates qu'elle préparait, le rouge se mélangea au rouge et s'invita à leur dîner du soir sans qu'on puisse en enlever la trace.

Marcelo prit seul sa décision. Le lendemain, il appela son fils pour lui annoncer qu'il lui rendrait visite. Il passerait les dix premiers jours de juillet à Naples. Ciro lui proposa de dormir chez lui, il avait largement la place de l'accueillir. Marcelo ne voulait pas le déranger mais son fils insista. Aussi il finit par accepter la proposition.

Ciro était excité à l'idée d'accueillir son père – même s'il avait été peiné quand celui-ci lui avait annoncé qu'il viendrait sans Cecilia. Les journées passées avec Marcelo sur les chantiers de la région parisienne lui manquaient. Quelques jours avant le début de juillet, lorsque la sonnerie du téléphone retentit dans le petit appartement, Ciro décrocha, sûr de la personne qu'il allait avoir au bout du fil – seul Marcelo possédait ce numéro. Il fut surpris de reconnaître la voix de Cecilia dans le combiné.

– Ciro ?

– Oui.

Il percevait déjà les sanglots dans sa voix, et s'attendait au pire.

– Il a eu un accident, un terrible accident…

Marcelo ne revit jamais Naples et ce fut, finalement, Ciro qui retourna à Paris, pour enterrer celui qui avait accepté de devenir son père.

*

Serré dans le fauteuil étriqué, la tête posée contre le froid du hublot, Ciro ne sentait plus rien. Il prenait l'avion pour la première fois de sa vie avec l'impression que quelqu'un d'autre avait pris possession de son corps. Il repensait sans cesse aux mots de Cecilia. Marcelo était tombé. Une simple chute. À douze mètres du sol, ça ne pardonne pas. Est-ce qu'il avait mal dormi la veille ? Est-ce que quelque chose le tracassait ? Ou alors était-il trop serein, pensait-il déjà à sa barque, au soleil qui se reflétait sur l'eau, à ce qu'il considérait comme la plus belle ville du monde ? La deuxième chute de sa vie, pensa Ciro, alors que l'appareil flottait dans le ciel. Il se souvint de la fois où Marcelo lui avait raconté sa première. Il avait essayé de s'agripper à une poutrelle – ça l'avait freiné et lui avait permis de heurter, de plein fouet, une plaque de bois. Il s'en était sorti avec seulement un bras cassé. Pourtant il était tombé de haut. Mais, comme il le lui répétait souvent, il n'y a pas de règle en cas de chute. On peut se tuer de toutes les hauteurs. « Quand tu tombes une fois et que par miracle tu te relèves, prie le ciel de retomber suffisamment vieux pour avoir mis toute ta famille à l'abri et avoir profité de la vie. » C'était un des trucs qu'il disait – sans trop le répéter de peur d'attirer le mauvais sort.

À son arrivée à l'aéroport, un taxi le conduisit rapidement jusqu'au pavillon. Il avait tout réglé à distance. Dans le salon, quelques proches attendaient. Ciro trouva Cecilia à la cuisine, occupée à leur faire à manger – comme si elle recevait un samedi soir. Elle était maquillée et portait une robe qui affinait sa silhouette. Elle tenait bon, pour le moment. Elle s'effondra une fois dehors, lorsqu'elle vit arriver le corbillard.

Ciro paya les obsèques, il ne voulait pas que Cecilia débourse un centime. Marcelo fut inhumé au cimetière de la ville, rue du Général-de-Gaulle. Chiara manqua l'enterrement. Elle ne pouvait pas s'absenter de son nouveau tournage. Seuls Ciro, Cecilia, quelques voisins et un jeune prêtre qui devait dire ses premières prières en public, se recueillirent ce jour-là sur la tombe de Marcelo. L'odeur de la terre retournée et l'herbe fraîchement coupée donnèrent envie de vomir à Ciro. À la fin, le prêtre les salua et les voisins leur donnèrent une dernière accolade. Ciro et Cecilia restèrent encore devant le trou, jusqu'à ce que les employés du cimetière aient fixé la colle autour de la pierre tombale.

*

Il lui avait préparé à dîner. Son assiette était encore pleine, elle n'y avait pas touché. Ciro débarrassa et fit la vaisselle. Il finit et se retourna vers Cecilia qui n'avait toujours pas bougé de sa chaise.

– Je ne vais pas tarder, dit Ciro après avoir longtemps tourné sa langue dans sa bouche.

Elle leva les yeux vers lui.

– Tu peux dormir ici, s'il te plaît ?

– Bien sûr.

– Viens.

Elle lui fit signe d'approcher. Il se pencha sur elle. Elle prit sa tête entre ses mains et lui murmura des paroles qu'elle seule pouvait comprendre. Elle se leva ensuite et disparut à l'étage.

Ciro entra dans la chambre de Chiara comme on entre dans un temple. Son lit était fait. Il n'hésita pas une seconde et tira le matelas de sous le sommier. Il ne voulait pas défaire l'ordre de la pièce, le sacré contenu ici. Il s'allongea, tout habillé. Il savait où était sa place.

Il rêva de chantiers, d'un vieux monsieur et d'un petit bâtard en équilibre au-dessus du vide.

Le matin, alors qu'il s'apprêtait à partir en catimini, il l'avait vue. Cecilia était assise dans la cuisine. Le soleil tapait sur les carreaux et la lumière, irradiante, effaçait presque sa présence dans la pièce. À cette vision, Ciro sut qu'il ne pouvait pas l'abandonner là, seule, parce qu'elle se laisserait crever – bête blessée qui se couche sur le flanc, espérant que ses forces l'abandonnent au plus vite. Il décida de l'emmener à Naples.

*

Ils partageaient la petite chambre. Cecilia dormait dans son lit, lui dormait par terre. Elle restait silencieuse et refusait de sortir. Son seul contact avec l'extérieur se limitait aux heures qu'elle passait, assise sur une chaise en osier, à l'unique fenêtre que comportait l'appartement. Elle n'avait jamais d'appétit mais insistait pour lui préparer ses repas, quand il rentrait du travail. Comme si elle cuisinait encore pour son mari, qui rentrait le soir. Elle passait ses journées enfermée. Ciro n'y pouvait rien, il travaillait. Il savait qu'elle lui en voulait, aussi bien qu'elle se refuserait à lui faire le moindre reproche. Ciro avait mal ; la voir lui rappelait

Marcelo, qu'il se refusait de pleurer tant qu'elle était là. Cecilia mettait Ciro mal à l'aise, c'était la première fois qu'ils vivaient tous les deux seuls. Il hésitait avant de lui adresser la parole car elle refusait chaque chose qu'il lui proposait. À la fin du dîner, elle débarrassait la table et allait se coucher. Elle ne voulait plus rien.

Un mois passa. Ciro avait pris sa décision. Il forcerait Cecilia à sortir. Il devait maintenant décider de ce qui était le mieux pour elle, pour qu'elle apprenne à vivre seule lorsqu'il ne serait plus là, lorsqu'elle retournerait à Paris. Il avait compris que Cecilia n'avait pas seulement perdu son mari, mais aussi sa fille ; qu'il ne lui restait que l'imposteur qui venait chaque soir occuper sa chambre. Un décès, un seul, l'avait rendue orpheline. Ciro savait ce que c'était d'être seul. Marcelo lui avait appris à vivre en famille ; la moindre des choses était d'apprendre, en retour, à sa veuve comment on se passait des autres. Aussi, quand vint le dimanche, Ciro la força à sortir. Elle protesta. Elle ne voulait pas, se sentait laide… Ciro lui laissa l'appartement pour se préparer et l'attendit sur le palier. Lorsqu'elle sortit, elle portait une robe noire qui découvrait ses épaules et ses genoux osseux. Il l'amena à l'église et resta à côté d'elle pendant toute la durée de la messe. Il l'entendit prier, tout bas, comme si elle ne voulait déranger personne. Ensuite, ils se rendirent à la gare et prirent le train. Elle ne demanda pas où ils allaient. Dès qu'ils furent arrivés, Ciro l'invita à déjeuner face à la plage, dans un petit restaurant. Cecilia toucha à peine à son assiette et sembla souffrir du soleil. Ciro pensa que c'était perdu, qu'il avait échoué. Quand il eut fini son repas, elle lui dit qu'elle voulait rentrer. Ciro lui demanda la permission d'aller toucher la mer avant. Elle la lui accorda, d'un pénible hochement de tête. Le sable était brûlant, aussi fut-elle obligée de le suivre là où il était humide, au bord de l'eau. Ciro s'accroupit et enfonça sa main dans le sable mouillé, avant de regarder les grains s'échapper entre ses doigts tendus.

– J'aimerais rentrer, lui dit une nouvelle fois Cecilia, dans un soupir.

Ciro lui tournait toujours le dos. À l'aveuglette, il saisit ses mollets et se redressa, la hissant sur son dos.

– Qu'est-ce que tu fais ? Arrête ! Arrête !

Mais Ciro n'entendait plus rien. Sourd à ses cris, il s'élança. Le poids de Cecilia gêna à peine sa course vers les flots. Il se laissa tomber. L'eau les recouvrit et il eut le sentiment qu'à cet instant, tout était effacé. Il se redressa, le corps frêle accolé au sien, moulé par la robe humide. Ciro sentit la poitrine molle contre ses omoplates, dégoulinantes de chair et de sel, soudée à lui, suintante. Il laissa à nouveau aller ses jambes, avant de remonter à la surface. Il répéta les mouvements jusqu'à ce que Cecilia tousse, lui assurant qu'elle garderait dans la bouche un goût d'iode pour le reste de la journée. Ciro cracha à son tour, goutte d'eau dans le néant, comme pour l'accompagner. Il ne replongea pas et resta quelques secondes debout, l'eau jusqu'au nombril, les bras de Cecilia enserrant son cou. Quand le soleil eut chauffé son visage, il sortit de l'eau et déposa Cecilia à terre. Ils séchèrent sur le sable et reprirent le train pour Naples, des dépôts de sel formant des croûtes sur leurs cuisses et leurs joues.

Le soir, Cecilia mangea avec appétit et, quand elle alla se coucher, au lieu de l'entendre se retourner sans cesse dans le lit, Ciro l'entendit ronfler. Le lendemain, ils réussirent à converser, légèrement, au petit déjeuner, et lorsqu'il revint du travail le soir, elle lui demanda s'ils pouvaient dîner dehors.

Les jours suivants, Cecilia revint à la vie – par bribes, incertaine, trébuchant parfois pour être mieux relevée par Ciro. Elle finit par lui annoncer qu'elle voulait rentrer à Paris. Ciro lui acheta un billet d'avion et l'accompagna à l'aéroport. Ils n'osèrent pas s'embrasser au moment de se dire adieu et se contentèrent de maladroits signes de main.

Lorsque Ciro rentra chez lui, il se sentit apaisé et fier d'avoir réussi cette mission. Il chassa rapidement ce sentiment en se disant que Marcelo était mort, et qu'il fallait être incroyablement orgueilleux pour se satisfaire d'un pareil moment. Il se dit qu'il était inhumain, que ces années passées dans une famille, à travailler honnêtement, n'avaient servi à rien. Qu'un bâtard restait un bâtard, qu'une bonne action n'en rachetait pas mille mauvaises et, surtout, qu'elle ne ramenait pas les morts parmi les vivants. Marcelo aurait été heureux, en vacances, à Naples. Il regrettait de n'avoir pu lui donner ça, de n'avoir pu guetter un sourire sur son visage austère, ne serait-ce qu'une esquisse, qui le rendrait heureux comme l'est l'enfant qui comprend que ses parents l'aiment.

Il essaya d'appeler la maison, en France, pour avoir des nouvelles de Cecilia, savoir si elle était bien rentrée. Mais personne ne répondait. Il se retrouva à nouveau seul, dans sa ville de naissance, et se demanda s'il n'avait pas rêvé d'une famille et d'un autre pays, comme ces gamins pauvres qui s'inventent des oncles riches à l'autre bout de la terre et des mères cajoleuses, à la place des escrocs et des putains qui forment leur clan.

*

Premier jour de tournage. Le réalisateur, qui l'avait voulue pour le rôle, n'en avait plus rien à foutre d'elle et l'avait à peine saluée à son arrivée sur le plateau. Une assistante l'amena jusqu'à sa loge, pour qu'elle se change, puis au maquillage. Elle lui demanda si elle pouvait avoir un café. Chiara arriva sur le plateau avec sa tasse dans les mains, et surprit l'acteur principal en train de regarder sa chute de reins tandis qu'elle buvait son café.

Le metteur en scène ne cessa de lui répéter qu'elle était nulle, qu'il s'était battu pour elle et qu'elle le lui rendait mal. Les insultes fusaient, à chaque scène dans laquelle elle apparaissait. Elle pensa plusieurs fois à abandonner, tant elle semblait incapable de justifier sa présence ici. Rapidement, elle comprit qu'elle n'aurait pas d'alliés, qu'elle devrait compter uniquement sur elle-même, et encaissa tout sans broncher.

Il lui avait menti. Il lui avait promis qu'elle garderait ses vêtements. Qu'il ne filmerait que leurs visages. Elle avait été stupide de croire que sa parole valait quelque chose. Il n'y avait que chez les Zaccariello qu'on donnait sans pouvoir reprendre. Elle aurait dû s'en douter. Aujourd'hui, elle devait tourner la scène de sexe avec l'acteur principal, un vieux beau sur le retour, qui s'était foutu à poil sans protester quand le réalisateur le lui avait demandé. Il invoqua un problème technique bidon pour expliquer à Chiara qu'elle allait devoir jouer nue. Elle pensa à la chambre de bonne, au couple caché sous les toits d'un vieil immeuble parisien décrépi, lorsqu'elle retira son soutien-gorge en se concentrant pour ne pas pleurer.

Elle était sous lui. Elle sentait son haleine, il ne s'était pas lavé les dents. Son sexe aussi, mou contre sa jambe. De près, il faisait encore plus vieux. Il devait avoir l'âge de son père. Le projecteur l'aveuglait. Autour d'elle, toute l'équipe, les techniciens, la maquilleuse, les assistants. Action. L'acteur commença son va-et-vient. Elle faisait semblant de prendre du plaisir, avec un homme qu'elle ne connaissait pas. Plus vite, plus lentement. Le comédien obéissait aux indications. Et elle attendait. Elle n'avait qu'à faire semblant de jouir. De faire semblant de ne pas sentir sa virilité se dresser quand, par mégarde, suite aux secousses, son sexe tombait sur le sien, se gorgeant de sang contre ses lèvres froides. Ce fut moins long que ce qu'elle redoutait. À la fin, elle ramassa ses habits et fila, nue, dans sa loge, sans un regard pour personne. Elle s'y enferma. Là, assise à même le sol, elle pleura de rage et de honte, parce qu'on lui avait menti et qu'on l'avait humiliée. Elle voulait retourner dans le pavillon de banlieue pourri. En avait marre de vivre seule. Elle n'était plus prête à payer ce prix. Ciro avait raison, il avait tout compris, cet idiot. On frappa à sa porte. Le réalisateur, qui lui demanda si tout allait bien. Elle savait qu'il voulait seulement tourner la scène suivante. Elle ne répondit pas mais se redressa et se rhabilla, lentement. Elle retournerait jouer, parce qu'elle avait appris, dans sa famille, à travailler dur et à ne pas se plaindre. Mais, plus jamais elle ne se laisserait faire. Elle n'accepterait plus aucune humiliation, même verbale. Il lui avait menti, alors elle ne lui devait plus rien. Qu'il en prenne une autre si elle ne lui convenait pas. La prochaine fois, elle partirait et tant pis. Elle mènerait le même genre de vie que sa mère, renoncerait à tous ses rêves, mais plus jamais personne ne lui infligerait cela. Pour la première fois, elle était contente que son père ne soit plus en vie pour voir ça.

Le soir, seule dans sa chambre d'hôtel, Chiara se sentait déjà mieux. La liberté de pouvoir rendre son tablier était décidément la plus grande.

On frappa à sa porte.

– C'est moi. Ouvre s'il te plaît.

Le comédien. Elle fut surprise mais comprit ce qu'il voulait. Elle ouvrit. Il avait bu, ça se voyait. Il entra sans qu'elle ne l'ait invité. Il regarda la chambre comme un territoire conquis.

– Je…

Il avait à peine ouvert la bouche qu'elle le gifla, main ouverte, maudissant sa mère de ne pas lui avoir donné les mains de son père, celles qu'avait Ciro. Elle avait voulu gagner du temps. Elle savait qu'il essaierait, tôt ou tard, de l'embrasser. Comme la plupart des gamines avec lesquelles il avait dû tourner. Il la repoussa, violemment.

– T'es malade, qu'est-ce qui te prend ?

Elle recula, il approcha, rejouant l'éternel bal des genres dans un hôtel de province. Elle saisit le vase posé sur la commode, où des fleurs fraîches étaient déposées chaque jour. L'eau froide, dans laquelle avaient trempé feuilles et pétales, vint frapper le visage de l'homme. Le temps qu'il s'essuie et jure, il vit qu'elle tenait le vase, prête à frapper.

– Fais encore un pas et je te défigure.

Il hésita, le temps de comprendre qu'elle ne jouait pas. Il ravala sa peur en un rictus moqueur.

– Tu es mauvaise…

Elle lui rendit son sourire, sûre de l'effrayer.

– Et encore, je suis la moins pire de la famille. Tu as de la chance d'être tombée sur moi. Mon frère t'aurait tué pour ça.

Il quitta la chambre, à reculons. Elle éclata de rire une fois qu'il eut fermé la porte. Elle surmonterait ce tournage, comme elle avait surmonté le reste. Les siens survivaient à tout.

Chiara était sûre qu'il lui en voulait. Pas son père, il était mort, alors… Mais Ciro. Elle était sûre qu'il ne comprenait pas pourquoi elle n'avait pas pu venir à l'enterrement. Lui aurait donné sa vie pour sa famille alors que ce n'était même pas la sienne, sans réfléchir. Elle, non. Elle voulait sortir de ça, faire quelque chose de son existence. Bien sûr qu'elle aurait voulu être là. Mais elle n'aurait pas pu faire le film. Et sa vie aurait été différente ou plutôt semblable, semblable à celle de sa mère et de toutes les autres femmes de la famille. Ça, il ne pouvait pas le comprendre. Seul l'honneur comptait pour lui. Il pouvait se le permettre, c'était un homme, il n'avait pas grand-chose d'autre à gérer et faisait ce qu'il voulait. Tant pis s'il ne comprenait pas. Elle ne rendrait pas de comptes et ne s'entendrait pas dicter ce qu'elle aurait dû faire. Alors elle serra les dents et fit ce film, au lieu de se rendre à l'enterrement de son père.

Le dernier jour, sur le plateau, lorsque l'équipe l'applaudit, elle fut contente d'être allée jusqu'au bout sans renoncer, en décidant d'être forte, en endurant cette pression perverse. Elle n'était plus inquiète. Son sort était scellé, elle devait s'en convaincre. Malgré tout ce qu'on lui avait dit, elle se pensait douée. Elle s'y était forcée, pour ne pas sombrer. Croire pour que les autres croient, ne leur montrer aucune faille. Les efforts feraient le reste, il fallait bien qu'elle tienne, ne serait-ce qu'un peu, de son père. Être félicitée par les techniciens, qui avaient été traités comme elle, la rendait fière. Ils la remerciaient, à leur façon. Elle était la seule à connaître leurs prénoms. La seule à s'intéresser à ce qu'ils faisaient. C'étaient eux qui lui avaient permis de tenir. Alors, elle applaudit à son tour ces ouvriers qui, par moments, lui rappelaient les deux hommes de sa vie.

*

1981

Personne ne pouvait s'habituer à ça. Ce fut à peu près ce qu'elle se dit en entrant dans le hall du palace. Pourtant, Chiara sentit qu'elle s'y ferait. Même ça, elle l'avait réussi facilement. C'était sans doute le pire avec la démesure, elle pouvait devenir quotidienne. D'ailleurs, Chiara n'avait qu'à ouvrir les yeux pour le comprendre. Tous les gens présents ici semblaient s'offrir une simple balade au square du quartier, par un dimanche pas trop pluvieux. Un jeune homme, habillé en groom, plutôt beau garçon, la débarrassa de ses valises et l'accompagna jusqu'à sa suite. La chambre devait faire une bonne douzaine de fois la superficie de celle où elle avait vécu avec Ciro. Elle se laissa tomber sur le lit à baldaquin, en laissant échapper un soupir de contentement. En croix sur le matelas, elle voulut s'offrir un léger somme. Mais l'excitation était trop forte. Elle se leva et gagna la salle de bains. L'immense baignoire sur pieds lui donna envie. Elle ouvrit les robinets et vida dans la baignoire tous les flacons qu'elle trouva sur ses rebords. La vapeur commença à monter dans la pièce. Elle se déshabilla. Elle porta la main à son entrejambe et se masturba, en regardant l'eau couler, avant de s'y glisser lentement. La chaleur fit rougir ses joues et elle finit par offrir sa poitrine et ses bras à l'eau brûlante, ne laissant dépasser à la surface que son visage.

Elle sortit du bain une heure plus tard et s'enveloppa dans une serviette, de la taille d'une couverture. Elle alla chercher sa trousse à maquillage dans sa valise. De retour dans la salle de bains, elle jeta la serviette à ses pieds et se maquilla, la nudité rafraîchissant son corps encore chaud. Avant de mettre sa robe, elle passa ses talons. Pourvu qu'elles tiennent ; Chiara s'inquiétait pour ses fines chevilles peu habituées à être perchées sur des aiguilles. Elle se regarda – ses cuisses parfaitement dessinées s'étiraient sans fin dans le miroir.

Une limousine l'attendait devant l'hôtel, moteur allumé. Chiara ouvrit la portière elle-même – sur la longue banquette de cuir, elle découvrit l'acteur qu'elle avait giflé pendant le tournage. Il sentait déjà l'alcool et avait un verre à whisky à la main. Elle comprit que ce n'était pas son premier. Une lueur triste flottait dans ses yeux, l'ivresse faisait tomber ses traits et révélait brutalement son âge. La peau de son cou, détendue, semblait être retenue de justesse par un nœud papillon. Il lui fit un sourire, alors qu'elle s'installait et lissait sa robe sur ses genoux. Elle était nerveuse. Il le savait.

– Je ne te propose pas de whisky, mais...

Il sortit une bouteille de champagne du seau à glace posé devant lui et la porta à la lumière du plafonnier.

– Je pense que ça devrait mieux te convenir.

Elle lui sourit.

– Sans rancune ? lui demanda-t-il.

Sans attendre de réponse, il envoya sauter le bouchon contre le toit de la limousine. Le champagne, glacé, lui fit le plus grand bien.

– La première fois… on a peur, on est excité… mais en fin de compte on est toujours déçu, lui dit-il.

Elle comprenait ce qu'il voulait dire. Elle était prête – mais comment apprécier ce qu'on a attendu toute une vie ? Elle avait imaginé la scène, mille fois. Que restait-il de la réalité, après cela ? Sans doute pas grand-chose. La voiture ralentit – elle entendit des choses et vit des hommes et des femmes rendus sombres par les vitres teintées de la limousine. L'acteur se racla la gorge, petites superstitions et mises au point d'un homme habitué à son rôle. On ouvrit la portière, le monde crépitait et elle était radieuse. Elle avait appris et sa démarche était presque assurée lorsqu'elle grimpa les marches recouvertes du tapis rouge. Ils prirent la pose, rejoints par le réalisateur, le producteur et toute l'équipe du film. Elle refusa qu'ils lui prennent la main. Ils firent tous semblant et elle joua très bien pour une débutante.

La salle était pleine. Ils arrivèrent les derniers et gagnèrent les premiers rangs, qui leur étaient réservés. Elle se vit alors à l'écran, ce qu'elle avait soigneusement évité jusqu'ici, trouvant toujours une excuse pour ne pas visionner les prises ou les premiers montages.

Ici, prisonnière de son siège, elle regrettait d'avoir fait le film. Honte d'être elle, ici. Une Zaccariello ne faisait pas ça. Elle ne se montrait pas, pour ensuite se contempler sur un écran – son corps jeté en pâture à des spectateurs inconnus. Dire qu'elle avait abandonné ses études parce qu'elle préférait faire ça. Son père était mort, pour remplir son assiette et lui offrir une éducation. Chiara ne s'était pas rendue à son enterrement pour être aujourd'hui assise à cette place. Elle comprenait maintenant Ciro, pourquoi il ne voulait plus vivre avec elle. Il avait tout vu, tout su. Il avait eu raison de la quitter, lui qui voulait une vie calme, lui qui aimait les gens fiables, modestes et sincères. Autour d'elle, des hommes, les plus séduisants qu'elle ait jamais vus. Elle avait surpris les regards d'une vingtaine d'entre eux, en entrant dans la salle. Ils la voulaient, elle. Mais qu'auraient-ils sacrifié pour elle ? Ciro lui donnait tout, tout ce dont elle ne voulait pas. De l'amour et une existence simple. Maintenant elle avait obtenu ce qu'elle voulait, elle était cette femme qui s'observait sur la toile – parler, baiser, souffrir.

La fin du film. Enfin. À sa surprise, elle entendit les applaudissements. Quand la lumière revint, elle vit les gens debout qui criaient des bravos qu'elle ne méritait pas. Elle sourit et applaudit à son tour. La malédiction était en marche et elle décida de n'en perdre aucune goutte. En une soirée, elle était devenue une star. Elle fit semblant de jouir de la fête – ses pensées n'étaient réservées qu'aux siens.

Au petit matin, Chiara se réveilla dans une suite luxueuse qui n'était pas la sienne, aux côtés d'un acteur américain qu'elle n'avait vu auparavant que sur les écrans des cinémas de Montparnasse dans lesquels elle traînait avec ses copines, tandis que Ciro l'attendait à la sortie pour la ramener à la maison. Elle laissa l'homme ronfler dans les draps, enfila ses habits en hâte et retourna à son hôtel, le temps de récupérer son maillot de bain.

Le soleil commençait à taper ; sur le sable, les premiers anonymes arrivaient. Chiara plongea. Elle fit quelques mouvements de brasse sous l'eau, remonta à la surface et aspira de grandes goulées d'air. Elle pensa à Ciro, qui lui avait appris à profiter de la mer. Elle aurait aimé qu'il soit là, qu'il profite de cette baignade avec elle. Chiara se laissa sécher quelques secondes sur le sable, étalée sur les serviettes épaisses de l'hôtel. Elle regagna ensuite sa chambre pour se doucher.

Dans le hall désert, elle but son café et mangea un croissant. Ses cheveux encore mouillés gouttaient dans sa tasse. Elle comprit pourquoi Ciro aimait tant être seul.

*

1982

Cela faisait maintenant deux ans que Marcelo était mort. Deux ans que Ciro n'avait plus de nouvelles des femmes de sa famille. Enfin si. Un jour, sur un chantier, il avait trouvé un jeune maçon napolitain reluquant les photos d'un magazine. Il y avait Chiara à l'intérieur. Le jeune lui expliqua que c'était une jeune actrice française qui venait de faire un film. Il ajouta qu'il donnerait n'importe quoi en échange d'une nuit passée avec elle. Ciro ne dit pas à l'ouvrier qu'il la connaissait ; qu'elle avait été sa sœur et bien plus encore. Ses collègues l'auraient traité de menteur et se seraient moqués de lui.

Maintenant qu'il était loin, Ciro éprouvait pour Chiara un sentiment d'authentique fierté, vierge de toute jalousie. Il était heureux pour elle. Chacun était retourné à son destin, et vivait la vie qu'il méritait.

Ciro sortait toujours aussi rarement. Mais ce soir, c'était l'anniversaire d'un collègue. Les autres ouvriers, qui l'appelaient affectueusement « le moine », avaient insisté pour qu'il vienne. Ciro avait accepté pour ne vexer personne. Il les rejoignit devant le bar où ils s'étaient donné rendez-vous – par chance, ce n'était pas trop loin de chez lui. Ils s'étaient installés dehors et firent du bruit pour célébrer l'arrivée de Ciro. Cela l'amusa et il pensa à la fois où son père et d'autres lui avaient organisé une fête pour ses 16 ans. Il s'installa avec eux et on lui servit à boire.

Elle avait un verre de vin rouge à la main et riait, avec ses amis, installée autour d'une des petites tables de fer qui composaient la terrasse. Ses cheveux auburn coupés au carré encadraient un visage rieur. Un visage qui lui était familier. Ciro l'avait croisée la veille, ici même. Elle lisait un livre, à une heure très matinale, celle où il venait savourer seul son café avant l'embauche. C'était étrange de la retrouver ici.

Elle lui sourit. Ciro tendit son verre rempli de bière pour la saluer et but une gorgée, les yeux ouverts. Il regarda ensuite le liquide ambré venir s'amasser sur la paroi opaque et les bulles danser contre le verre. Elle retourna à sa conversation et Ciro secoua la tête, comme pour chasser un mauvais rêve. Il savait qu'on ne désirait jamais autant une femme que dans ces moments-là, quand des regards s'entremêlaient au détour d'une rue, quand les hommes croyaient que leurs vies pouvaient encore changer, que de belles inconnues, dont ils ne connaîtraient pourtant jamais rien, pouvaient les aimer. Ciro sourit ; il connaissait trop bien le mécanisme et s'amusait de l'injustice sur lequel il reposait. Pourtant, le sort décida de s'en mêler. Ciro recroisa la fille au bar, plus tard dans la soirée, alors qu'il recommandait une bière. Il savait reconnaître un piège lorsqu'il en voyait un, aussi décida-t-il de rester silencieux – le hasard ne s'offrait au rêveur que pour mieux le dépouiller de tout ce qui lui était cher plus tard. Mauvais calcul. Elle posa son verre à côté de lui et lui parla en italien :

– Vous aimez prendre votre café seul ?

Ciro sut tout de suite, à son intonation, qu'elle n'était pas napolitaine. Ni même italienne. Intérieurement, il la remercia de lui avoir adressé la parole, d'avoir fait le premier pas – lui-même n'était pas en mesure d'aller vers les gens. Il lui répondit, en français :

– Votre italien est très bon.

Elle parut surprise de l'entendre parler cette langue. Comment avait-il deviné ?

– Vous parlez français… Vous êtes ?

– Un peu des deux, dit-il avec un sourire gêné.

Elle ne se laissa pas impressionner pour autant.

– Vous n'avez pas répondu à ma question.

– Oui, j'aime boire mon café seul.

Ils discutèrent tout le reste de la soirée, laissant de côté leurs amis respectifs. Elle était professeur de littérature et écrivait des livres. Des romans. Des essais. Ciro ne savait pas ce que c'était mais il s'en foutait. Elle lui expliqua que les films lui avaient donné le goût de l'italien. Alors elle l'avait appris. Elle était ici en vacances, avec des amis. Pour un mois, ici à Naples. Il ne lui en dit pas trop. Seulement qu'il travaillait sur les chantiers. Il l'écouta parler de la France, de Paris, de sa vie.

Lorsqu'ils sortirent du café, les serveurs renversaient les tabourets sur les tables. Là, sur la place vide, deux heures seulement après leur rencontre, ils s'embrassèrent – avec une telle spontanéité que Ciro fut touché par la confiance que lui accordait l'inconnue qu'il tenait dans ses bras.

Elle s'appelait Laura et l'espace d'un instant, Ciro se mit à croire au hasard.

*

Laura appréciait ses vacances, ça la changeait de Paris. Elle était venue en Italie pour le soleil et l'ivresse. Elle sortait toutes les nuits, se saoulait au vin et couchait avec les hommes les plus séduisants qu'elle trouvait sur place. Le matin, elle se levait tôt, chassait son amant hors de la chambre et sa gueule de bois avec un bain de mer ou une balade dans la ville encore endormie. Ciro n'était pas beau et elle ne comprit pas, au départ, pourquoi elle l'avait embrassé. Les conséquences de ce baiser lui échappèrent aussi.

Laura changea son billet et resta quinze jours de plus. Elle trempa les draps de sa chambre chaque soir avec lui puis le jour, quand il était absent, en pensant à la nuit d'avant et à celle qui suivrait. C'était la première fois qu'on la touchait avec des mains abîmées, des mains d'ouvrier. Elle aimait quand elles se perdaient sur son corps. La sensation de pouvoir être broyée, si son amant le voulait, la rendait folle. Ça la changeait des mains d'intellectuels qui la parcouraient fébrilement depuis qu'elle était étudiante, avec autant de frénésie que de manque d'assurance. Des types qui aimaient comme on aime dans les livres. Avec une gravité fausse. Habituée aux amours faussement passionnées, aux engueulades au petit matin et à la frustration, elle se trouvait pour la première fois en face d'une équation simple. Baiser avec un homme qui ne profitait pas d'elle. Qu'elle pouvait dominer sans qu'un seul son ne s'échappe de sa bouche. Qu'elle faisait jouir dans le plus parfait silence, sans qu'il se plaigne – prolétaire au lit comme sur les chantiers. Son visage ne laissait rien transparaître. Le fait de ne pas savoir si elle lui donnait du plaisir l'excitait encore plus ; Ciro la baisait parce qu'elle le lui demandait et elle aimait se penser seule à trouver du plaisir dans ce jeu égoïste.

Épuisée par l'alcool ingurgité chaque soir et le sexe, Laura n'entendait jamais Ciro se lever pour aller travailler. Tous les soirs, il la retrouvait pour le dîner. Il parlait peu, l'écoutait le plus souvent. Quand elle n'avait plus rien à dire, il se contentait de la regarder, une timidité presque enfantine dans les yeux. C'était le signe qu'il fallait rentrer à l'hôtel. Quand elle lui demandait après l'amour, avant de sombrer, s'il pouvait revenir le lendemain, il lui répondait systématiquement « si tu veux ». Elle savait que si elle lui demandait de partir, il obéirait sans demander d'explication, sans la supplier à genoux, sans jamais chercher à la revoir.

Le jour des adieux, Laura se réveilla avec Ciro dans le lit moite. Il avait décidé de rester avec elle pour son dernier jour à Naples. Quelques heures avant de prendre son avion, elle se sentit soudainement mal. Elle n'aurait jamais cru que la perspective de quitter Ciro lui ferait quelque chose. Elle avait eu du soleil et du sexe, ce qu'elle était venue chercher ici, alors pourquoi compliquer l'équation ? Elle pouvait regagner Paris en pleine forme et reprendre sa petite vie d'intello – elle parlerait à ses amies de son amant italien, Ciro deviendrait peut-être le personnage d'un de ses livres. Pourtant l'angoisse montait, sans qu'elle sache vraiment pourquoi. Qu'est-ce qu'elle croyait ? Ils firent une dernière fois l'amour sous la douche, Ciro plaqua son corps contre le mur de carrelage et pétrit ses fesses pendant qu'il la pénétrait. Il jouit la tête sur son épaule puis ils se détachèrent pour s'offrir au jet. L'eau froide réveilla leurs corps engourdis par la nuit.

*

Chiara était nominée. Elle avait invité sa mère à la cérémonie. Là où tous s'entouraient de leur clan, il ne lui restait que Cecilia. Chiara lui avait offert une robe de soirée. Elles s'étaient rendues toutes les deux avenue Montaigne pour la choisir et Cecilia avait eu honte d'essayer des tissus aussi beaux et aussi chers. Elle avait vu, dans la glace, la vendeuse regarder ses genoux cagneux et murmurer quelque chose à l'oreille de sa collègue. Cecilia comprit qu'elles se moquaient d'elle et ne voulut plus rien choisir. Chiara dut insister pour qu'elle reparte avec quelque chose, maudissant les vendeuses pour leur mépris.

Sa mère était maintenant assise à côté d'elle, vêtue de sa robe, et Chiara la trouvait plus belle que jamais. Cecilia n'osait pas tourner la tête, cernée par les célébrités, les mêmes dont elle suivait les vacances sur papier glacé quand Chiara était gamine et quand la famille n'avait pas assez d'argent pour passer l'été en Italie. Aujourd'hui, elle se trouvait salle Pleyel, portait les vêtements d'une autre, et attendait que le monde consacre sa fille, sa petite fille.

Chiara se surprit à serrer la main de sa mère lors de l'ouverture de l'enveloppe. Sa mère pleurait déjà. Elle entendit son nom résonner dans la salle. Le présentateur répéta son nom au pupitre. Le nom de son père. Personne n'aurait pu lui faire un plus bel hommage. Elle avait réussi. En montant les marches, elle pensa aux deux hommes de sa famille, qui l'avaient remplie de tristesse, qui l'avaient initiée à la méfiance et la tromperie. Elle les remercia de lui avoir inculqué, bien malgré eux, une rage dont personne ne soupçonnait l'étendue. Une rage qu'elle avait transformée en ambition. Elle dédia le trophée à sa famille. Elle remercia ensuite le réalisateur, qui était devenu son amant, le producteur, qui était en passe de le devenir, et tous les autres connards qui constituaient le reste de la chaîne. Des gens dont elle se foutait éperdument, qu'elle oublierait demain, qu'elle écraserait même si elle les trouvait en travers de son chemin – elle venait de trop loin pour s'encombrer d'eux.

*

Ciro n'avait pas l'impression d'avoir quitté la ville depuis longtemps. Il ne regardait même pas les rues de Paris défiler à travers les vitres du taxi. Le chauffeur l'arrêta devant un bel immeuble. Il avait peur. Ciro se méfiait des intuitions – il se considérait comme dangereux, pour les autres et pour lui-même, quand il s'abandonnait à ses émotions. Et si l'adresse était fausse ? Ce n'était pas si grave. Il souffrirait, un peu. Il maudirait sa naïveté et retournerait à Naples reprendre le cours de sa vie.

Ciro se préparait au pire et fut presque surpris de voir Laura lui ouvrir la porte de chez elle. Avec son air de petit garçon triste, il lui demanda si elle accepterait de dîner avec lui.

Au restaurant, Ciro insista pour payer l'addition. À la fin du repas, il raccompagna Laura jusque chez elle. Elle l'invita à monter boire un dernier verre. Dans l'ascenseur, Ciro mordilla la pointe de ses seins à travers le tissu de son pull. Ils firent l'amour, à même le sol, dans l'entrée de l'appartement et virent quelque chose de rare poindre derrière l'intensité qui se dégageait de ce moment d'abandon où ils s'offraient l'un à l'autre. À la fin, elle laissa aller sa tête sur sa poitrine et ils discutèrent librement, libérés de la tension qui les gênait lors du dîner. Laura lui demanda où il dormait.

Ciro n'avait rien prévu, il comptait se trouver un hôtel. Elle lui proposa de rester chez elle. Comme il hésitait, elle crut qu'elle avait été trop vite en besogne, qu'elle l'avait effrayé, lui qui ne semblait être attaché qu'à une seule chose, sa liberté. Ciro resta silencieux quelques secondes, puis cracha un « oui » avec la conviction qu'il venait de jouir serré dans les bras de la femme la plus douce jamais rencontrée dans sa vie.

*

– Surmenage, lui annonça-t-il.

Le médecin conseilla à Chiara de se reposer, d'arrêter de travailler, au moins un mois. Elle se dit qu'elle arrêterait une semaine. Cela suffirait. Chiara ne prit pas la peine d'expliquer au médecin que c'était la seule chose qui lui restait. Enchaîner les prestations, jusqu'à l'épuisement. Sa seule façon d'être pardonnée, l'unique hommage à son passé et à son milieu. Ses gestes devenaient alors des mouvements fantômes, décidés par d'autres, tandis qu'elle ne parvenait plus à faire la jonction entre pensée et présent. Jusqu'à ce que le fil lâche, tranché net, tombant dans les limbes, passant du réel au ralenti, dessinant des cercles imparfaits, jamais clos, lors de sa chute.

Ne pas culpabiliser. Ne pas mourir de penser à la femme qu'elle était devenue. Les seuls moments où son père ne venait plus la déranger, où sa surveillance s'arrêtait. Il avait toujours respecté ceux qui travaillaient dur, après tout. Pas étonnant qu'il la laisse en paix. Elle pensait qu'elle tiendrait, toujours.

Au petit matin, elle était tombée. L'alcool et les cachets n'avaient pas suffi. Ses nerfs lui avaient joué un tour. Son corps l'avait abandonnée, lors d'une fête donnée dans un grand appartement parisien. Elle buvait un verre de plus et s'était vue rentrer de l'école, le cartable offert par Ciro à la main. Ce vieux bus de banlieue, ce petit cloporte italien, agile comme un chat, qui se faufilait derrière elle sans bruit et surveillait ses moindres faits et gestes. Elle lui hurla de partir, elle était assez grande maintenant. Pour la première fois, il obéit. Oubliant les ordres de Marcelo.

– Chiara ? Chiara ? Ça va ?

Lorsqu'elle reprit conscience et ouvrit les yeux, elle était par terre. Ses amis du cinéma autour d'elle. Elle n'arrivait toujours pas à parler et ne comprenait pas ce qu'elle faisait là.

– Appelez une ambulance, dit l'un des convives.

– Non !

Elle avait parlé, les avait convaincus de ne pas appeler les secours. De ne pas l'emmener à l'hôpital. De seulement lui trouver un taxi qui la ramènerait chez elle. Ils l'aidèrent à se relever, une main lui tendit un verre d'eau. Elle ne sentait plus ses jambes. Elle fut soutenue, portée jusqu'à un fauteuil sur lequel elle avala son verre d'eau gorgée par gorgée, en attendant que ses genoux arrêtent de trembler.

Le lendemain, elle se réveilla avec l'impression d'avoir vieilli de dix ans en une nuit. Elle eut suffisamment peur pour se décider à appeler un médecin. Il prit sa tension, écouta son cœur. Il devait avoir une soixantaine d'années et lui rappela son professeur, à Ivry, celui qui lui avait ouvert les portes de la capitale. Comment s'appelait-il déjà ? Impossible de se souvenir. C'était la première fois depuis longtemps que le contact d'un homme était rassurant. Pas chargé de séduction, mâtiné de désir pour une femme inspirant la même chose à tous les hommes qui la fréquentaient. C'était ça qui faussait les rapports et la forçait à être une autre, qui jouait en permanence alors qu'elle aurait souhaité arrêter la farce, un moment, pour dire ce qu'elle pensait ou ne plus parler. Mais c'était la seule solution pour ne pas se faire bouffer. Elle doutait qu'il en existât une autre. Même lorsque le médecin plaça l'aimant sur le haut de son sein gauche, elle ne sentit rien d'autre que de l'affection – celle d'un père pour son enfant malade. Elle ne l'avait sans doute jamais connue chez elle. Son père l'aimait, ça ne faisait aucun doute. Mais il avait rapidement eu du mal à la prendre dans ses bras. Son corps avait changé trop vite et elle avait senti que cela le mettait mal à l'aise. À 13 ans, il aurait senti la poitrine d'une femme se comprimer contre la sienne. Elle avait maudit ce corps qui avait changé plus vite que ses envies. Elle voulait encore des câlins lorsqu'on lui proposait du sexe, ou rien. Marcelo avait gardé un seul geste, celui de lui ébouriffer les cheveux. Un geste qu'on faisait aux garçons. Il préférait Ciro pour ça. Parce qu'il avait été un enfant, puis un homme. Elle n'était pas restée une enfant assez longtemps pour jouir de la tendresse des hommes, elle s'en rendit compte alors que le médecin lui signait son ordonnance. Elle eut envie de pleurer dans ses bras mais se contenta de le régler en liquide. Il lui souhaita un bon rétablissement. Elle marmonna un « hum » en guise de remerciement et le laissa partir.

En fin d'après-midi, sa mère lui rendit visite, comme si elle avait senti que cette fois elle la trouverait chez elle, blessée. Cecilia s'inquiéta lorsqu'elle vit sa fille en pyjama, pâle et faible. Elle lui annonça qu'elle resterait dormir ici et qu'elle lui ferait la cuisine. Les médicaments ne suffisaient pas, il fallait aussi bien manger. Chiara lui dit de rentrer, elle ne voulait pas la déranger. Sa mère insista. Chiara ne chercha pas à surenchérir. Elle était heureuse de ne pas passer la soirée et la nuit seule. Chiara donna à sa mère plus de billets que nécessaire, pour qu'elle descende faire les courses.

– Tu verras, ici c'est cher, l'avertit-elle en la forçant à prendre son argent. Dépense tout, achète ce que tu veux. Ne compte pas, d'accord ?

Mais lorsque sa mère revint, c'était avec le strict minimum pour concocter un repas, beaucoup de monnaie, et des reproches.

– Je ne comprends pas que tout soit si cher. Je n'ai jamais vu ça. Tu devrais aller au marché plutôt que d'acheter tout ici.

Pour sa mère, les repas étaient primordiaux. Ce n'était pas quelque chose dont on pouvait se passer, ni quelque chose de mondain. La cuisine, c'était du travail. Sans cuisine, pas de famille qui tienne la route. Elle le rappela à sa fille en lui préparant à dîner ce soir-là.

Chiara sentit son estomac se serrer lorsque sa mère versa les pâtes dans son assiette. Mais elle mangea avec appétit.

– Tu dois faire plus attention. Et bien t'alimenter. Moins sortir aussi... je suis sûre que tu sors beaucoup.

– Non maman, répondit-elle.

– Je ne t'ai jamais vue comme ça. Tu as toujours été pleine d'énergie, à courir partout... Et là, je te reconnais à peine. Tu es aussi silencieuse que ton père.

Les deux sourirent à ces mots.

Chiara voulut débarrasser la table mais sa mère l'en empêcha. Elle lui dit d'aller se coucher. Elle ferait la vaisselle et dormirait sur le canapé. Chiara n'avait qu'à lui dire où se trouvaient les draps. Elle lui répondit qu'ils devaient être dans le placard de l'entrée, c'est là qu'elle pensait que la femme de ménage les rangeait. Cecilia poussa un sifflement moqueur, jamais elle n'aurait laissé quelqu'un ranger sa maison à sa place. Décidément, sa fille était irrécupérable.

Plus tard, alors qu'elle venait d'éteindre la lumière et de remonter la couverture jusqu'à son menton, Chiara entendit les pas dans le couloir. Sa mère entra et lui déposa un baiser sur le front.

*

La soirée battait son plein. Laura l'attendait toujours. Ciro s'était arrangé pour ne pas manquer à sa parole. Il n'avait rien promis. Il avait dit qu'il passerait, peut-être. Elle avait insisté plus que d'habitude. D'un hochement de tête, il lui signifia qu'il l'avait comprise.

Il n'avait jamais rencontré ses amis. Il refusait de le faire, même s'il ne l'avouait pas. Eux voulaient absolument être présentés à l'homme avec lequel elle partageait sa vie. Elle le voulait aussi, plutôt que de leur parler à chaque fois de Ciro comme une illuminée qui s'invente un homme qu'elle aime. Tant pis pour lui, après tout, elle était avec des gens qu'elle appréciait ce soir. Alors autant en profiter.

Ciro savait qu'ils ne s'entendraient pas, seraient-ils hommes ou femmes ne faisait aucune différence. Ils venaient d'un autre monde. Ils le jugeraient, en silence. Lui ferait de même, mais seul. Il les aurait rencontrés si chacun d'eux avait accepté de le suivre sur un chantier, sans hésiter une seule seconde, presque avec plaisir. Sans ça, il refusait, tout en sachant qu'il ne pourrait pas résister éternellement. Et c'est sans doute ce qui l'énervait le plus. D'avoir perdu d'avance. En attendant, il repoussait la défaite. Si, au début, il trouvait des excuses plutôt complexes, elles s'étaient simplifiées avec le temps.

Quand elle invitait des amis, il sortait, prétextant un coup à aller boire avec un ami, et errait dans Paris. Il ne rentrait que lorsqu'il était sûr que la fête était finie, et tout le monde rentré chez soi. Il ne voulait même pas croiser, par hasard, un ou deux convives dans l'escalier. Plus le temps passait, plus il aggravait son cas auprès d'eux. Il devait déjà passer pour un sauvage. Cette pensée le rendait fort, dissipait son malaise, car elle inversait les rôles. En réalité, c'était lui qui avait peur. Peur de ne pas être à la hauteur, de faire honte à Laura. Peur qu'après un dîner, tous les siens, ceux qui la connaissaient depuis longtemps, se réunissent, courageux, et lui avouent leur pensée commune : il fallait qu'elle le quitte, elle n'avait rien à faire avec un mec comme ça. Laura réfléchirait. Elle se souviendrait que c'était elle qui lui avait appris à lire. Et il serait perdu.

C'était bête. Maintenant qu'elle était ivre, elle aurait voulu l'avoir avec elle. Oui, ce qu'il pressentait était juste. Ils ne l'aimeraient pas. Leurs mondes étaient trop éloignés pour qu'ils se comprennent. Il ne connaissait rien à la peinture, si ce n'est celle en bâtiment, et à la littérature. Comment le pourrait-il ? Jusqu'à pas si longtemps, il ne savait pas lire. Sa musique était celle des bistrots. Son travail était fait de sueur et de poussière. Ils penseraient qu'elle jouait à la mère avec lui. Qu'elle faisait un complexe de petite-bourgeoise. Que par culpabilité, elle voulait se faire baiser par un prolo, s'offrir pour faire frémir la balance des classes du côté des oubliés. Ses proches étaient cons. Elle les aimait. Ciro était têtu. Elle l'aimait. Elle voulait que la rencontre se produise, que les uns puissent se moquer dans son dos, que l'autre puisse se donner raison et jouer la victime en silence. Mais il évitait systématiquement la confrontation et, connaissant sa vraie nature, elle s'était rendu compte qu'il était pétrifié, qu'il ne voulait rien risquer. Si ça se passait mal, il se figurait sans doute que cela changerait leur relation.

Sa bière était à moitié entamée. Devant lui, le bout de papier sur lequel Laura avait griffonné l'adresse et le code. Il le saisit, le fit jouer entre ses gros doigts avant de le coller sur la bouteille humide. Il étala le papier qui se gorgea d'eau, les cloques qui se formaient en son centre gagnant rapidement l'ensemble de la fibre, jusqu'à ce qu'il forme une seconde étiquette. Bien sûr que cette rencontre avec eux modifierait quelque chose. Laura n'avait jamais mis leur relation à l'épreuve du monde. Ça changerait tout. Le pire, c'est qu'il savait que ça arriverait. La meilleure chose à faire était de prendre les devants. Il irait là-bas et casserait tout. Personne ne pourrait l'arrêter, ces gens-là ne savent pas ce qu'est la violence. Il s'en voulut, immédiatement, d'avoir de telles pensées. *Tu aimerais aller là-bas et trouver une bonne raison de tout casser. Laura trouverait aussi une bonne raison pour te quitter. Et ce serait là la preuve que tu n'étais pas fait pour vivre avec cette femme, qu'elle ne t'aimait pas vraiment parce qu'elle ne te connaissait pas.* Ciro se rendit compte de sa peur d'enfant, celle d'être humilié et abandonné. Il se rendit compte qu'il pensait les femmes comme il pensait Chiara. Et que sa relation avec elle était truquée dès le départ, parce qu'elle englobait des choses plus grandes, des liens de sang et de hasard, de jalousie et de transmission, de désir et de vide, qui dépassaient les deux enfants qu'ils resteraient à jamais l'un pour l'autre. Mais il n'était pas trop tard pour que lui grandisse, maintenant qu'il aimait une autre femme, maintenant que Marcelo était mort et qu'il n'habitait plus chez lui.

Elle avait depuis longtemps cessé de guetter chaque arrivée, d'attendre que la sonnerie de l'Interphone retentisse. Elle avait même tourné le dos à l'entrée, au départ par superstition, pensant que le fait de ne pas voir faciliterait le miracle. Quand elle sentit une main ferme sur son épaule, elle n'espérait plus. Elle se retourna. Il était là. Elle eut envie d'éclater de rire ; lui, le visage rouge, saluant timidement les gens présents. Elle l'embrassa et sentit ses lèvres se fermer.

La rencontre se passa mal. Ou plutôt, ce fut comme si elle n'avait pas eu lieu. Ciro ne décrocha pas un mot du reste de la soirée. La main crispée sur son verre de whisky, il répondait brièvement aux questions qu'on lui posait, sans jamais en retourner une seule. Au bout d'une heure, dans le creux de l'oreille, il lui demandait la permission de partir, en ajoutant qu'elle pouvait rester là si elle en avait envie. Elle rentra avec lui, et il fit des remarques désagréables sur leurs hôtes.

Mais elle s'en foutait. Il avait gâché sa soirée. Elle était joyeuse. Il était venu.

*

Ciro avoua à Laura qu'il ne savait pas lire. Au restaurant, elle s'étonnait de ne jamais le voir ouvrir la carte et de toujours commander la même chose qu'elle ou le plat du jour. Elle finit par le lui demander. Il lui répondit simplement, en lui disant la vérité. Ça faisait partie des choses qu'il ne pouvait pas cacher, aussi sentit-il, au-delà de la honte, un certain soulagement à le lui avouer. Elle sembla même plus gênée que lui par sa confession. Il lui expliqua :

– Je n'ai jamais été à l'école. Quand mon père m'a adopté, il m'a directement appris son métier. Je ne sais rien d'autre.

Elle comprit alors son attachement aux chantiers, à ce travail épuisant. De son propre aveu, c'était la seule chose qu'il savait faire, la seule chose qu'on lui avait transmise.

– Tu voudrais que je t'apprenne ?

Elle eut peur de l'avoir vexé. En fait, il était surpris. Il croyait qu'elle changerait immédiatement de sujet, comme généralement les gens le font quand ils mettent le doigt sur une zone d'ombre, et qu'ils comprennent qu'ils peuvent désormais blesser.

– Ça ne te dérangerait pas ?

– Non, si je te le propose.

Il réfléchit quelques secondes.

– Je ne sais pas si j'y arriverai…

– Ce n'est pas grave, au moins on aura essayé, lui répondit-elle.

Ciro fut touché par ce « on », sa manière de s'associer à son futur échec. Il décida de faire de son mieux pour y arriver.

Laura demanda à quel rythme il souhaitait apprendre – elle ne voulait surtout pas le brusquer. Ciro lui demanda une leçon par jour. Aussi, à la fin de la journée, après qu'ils eurent dîné et fait la vaisselle,

Laura lui apprit à lire. Elle récupéra, chez ses parents, ses cahiers et ses livres d'écolière. Sa mère gardait tout ce qui lui avait appartenu. Elle ne reconnut pas son écriture d'enfant, mais se souvint des premières histoires qu'elle avait lues à l'école. Sa mère lui demanda ce qu'il lui prenait, si elle comptait abandonner ses élèves de fac pour une classe de cours élémentaire. Elle ne lui répondit pas. Elle ne voulait pas lui mentir et n'aurait jamais pu lui révéler la vérité. Qu'elle sortait avec un homme qui ne savait pas lire. Elle, la petite-bourgeoise qui avait grandi à Saint-Germain et fréquenté l'École normale supérieure.

Ciro voulait lire le français. Elle fut surprise qu'il refuse d'apprendre sa langue maternelle. Il lui expliqua qu'il n'avait jamais connu sa mère et que la langue de son enfance n'était même pas l'italien mais le napolitain, fait pour être chanté, pour se plaindre et rire, mais en aucun cas pour être écrit.

Lors des leçons, Ciro regrettait parfois que Chiara, lorsqu'ils étaient enfants, ne lui ait jamais fait cette offre, qui lui aurait permis d'être un homme meilleur. Elle aurait sûrement été impatiente et affligée par sa lenteur, mais il aurait aimé qu'elle fasse cet effort pour lui. Il n'avait pas peur de décevoir Laura. Elle était incapable de lui faire du mal. Elle lui apprit à reconnaître les lettres et à les tracer, lentement, sur le blanc d'un cahier. C'était dur, mais il aimait ça. Il apprit, à son rythme. Il savait maintenant à quoi ressemblait l'école, même s'il doutait qu'il en fût, sur terre, une aussi douce. Il se rendit compte que ce qu'il voulait, c'était jouer à apprendre, et il revoyait dans le regard de Laura, fixé sur la feuille alors qu'il peinait à tenir son stylo à deux doigts, celui de Marcelo qui vérifiait la reproduction des gestes qu'il lui avait montrés. Il revivait, chaque soir, ses meilleurs souvenirs d'enfance, lorsqu'il avait trouvé un père, une maison et un travail ; quand, en une nuit et une journée, il avait obtenu ce qu'on lui avait refusé durant toutes ces années.

Laura redoutait, au début, l'exercice – les adultes ne sont plus des enfants, ils sont bien moins doués qu'eux. Mais Ciro ne se débrouillait pas trop mal, et s'appliquait. Les leçons s'étaient transformées en moments magiques, durant lesquels ils s'amusaient souvent. Elle n'avait pas pu s'empêcher d'éclater de rire lorsqu'il déchiffra pour la première fois le mot « cœur », incapable de reconnaître le *o* et le *e*, mêlés en une seule lettre qu'il ne comprenait pas. Il riait souvent lui aussi, de ses propres bêtises, de son air de maîtresse sévère.

En le voyant, elle pensait à l'enfant qui arriverait un jour, et auquel elle devrait apprendre les mêmes choses. Avec Ciro, elle aussi répétait ses gammes de mère.

Jamais Ciro ne parvint à lire naturellement. Il murmurait pour lui-même, déchiffrait lentement et péniblement les sons qui formaient des mots, qui composaient des phrases. Mais à l'issue de cet apprentissage, il baissa définitivement la garde. Il n'avait trouvé chez elle rien de ce qu'il redoutait chez les femmes auprès desquelles il avait grandi. Jamais elle n'avait cherché à l'humilier. Il n'y avait aucune colère en elle. Elle ne l'avait pas forcé, elle l'avait aidé. Il n'avait pas accepté d'apprendre à lire pour lui plaire, mais parce qu'il le voulait, parce qu'il en ressentait le besoin. Ces rapports étaient aussi nouveaux que précieux pour lui.

Un dimanche matin, Laura descendit acheter des croissants et ramena le journal à Ciro. Elle fut émue de le voir lire, en silence, s'aidant de ses lèvres – de surprendre un sourire de fierté entre deux gorgées de café. Ciro ne s'intéressait pas à ce qui se passait dans le monde. Il avait grandi dans la rue, la seule chose dont il s'était préoccupé toute sa vie, c'était le moyen de ne pas crever de faim. Que la Terre s'arrête de tourner, il s'en foutait, jusqu'à maintenant. Ce matin-là, il comprit qu'il avait changé. Il redoutait que ce qu'il était en train de vivre s'arrête. Il connaissait cette peur, elle lui avait fait quitter la femme qu'il aimait, autrefois, parce qu'il savait qu'il ne la garderait pas. Si cela devait se reproduire un jour, il savait pourtant qu'il se battrait et n'abandonnerait pas. Il savait lire. Il était devenu un homme.

*

Ciro s'installa chez Laura. La décision avait été dure à prendre tant il tenait à son indépendance. Pour lui, c'était le rôle de l'homme de payer le loyer et de remplir les assiettes. Laura l'avait compris et n'avait pas brusqué les choses. Au début, elle redoutait qu'il ne trouve l'espace trop exigu pour eux deux. Elle ne savait pas qu'il avait été habitué à tout partager, qu'il n'avait jamais rien eu à lui, qu'il avait appris à s'isoler dans n'importe quel cadre. Son travail lui permettait aussi de s'évader, de souffler un bon coup. Quand venait le week-end, il était nettement plus nerveux et ne profitait jamais de l'appartement. Il ne traînait pas au lit et sortait généralement pour boire son café dans un bistrot du coin pendant que Laura prolongeait sa nuit, le lit pour elle toute seule. Ils avaient appris à se quitter, comme s'ils vivaient dans un château et pouvaient ne pas se croiser sans redouter l'éloignement, l'habitude. C'est parce qu'ils pouvaient vivre l'un sans l'autre qu'ils parvenaient à vivre l'un sur l'autre. Le petit appartement ne laissait pas d'autre choix. Il lui avait proposé plusieurs fois de louer quelque chose, ailleurs, mais elle avait refusé. Elle le voulait près d'elle.

Ciro se sentait redevable. En dette. Une fois de plus. Ça l'effrayait. Il n'avait déjà pas pu rembourser Marcelo. Il essayait de contribuer, à sa manière. Il faisait les courses, la cuisine. Il déboucha les canalisations encombrées, fixa de nouvelles fenêtres à la place des anciennes qui ne fermaient plus, et prit un week-end entier pour refaire toute la peinture. Il n'était pas encombrant et faisait de son mieux pour que sa présence dans l'appartement se limite à peu de choses. Quelques affaires, pliées dans un tiroir, une brosse à dents, un rasoir, une bouteille d'alcool dans un placard. Il semblait avoir déjà vécu avec une femme. Laura se demandait combien de temps cela avait pu durer, mais se refusait à le lui demander. Ça ne la regardait pas et elle ne voulait rien savoir de son passé amoureux. Il était pourtant simple. Ciro avait vécu deux fois avec la même femme, une fois enfant, une fois adulte.

Un soir, en rentrant du travail, alors qu'il se lavait les mains et s'apprêtait à faire à dîner, Laura lui apprit qu'elle était enceinte. Elle le lui annonça d'une voix et resta face à lui pour mieux guetter sa réaction. Il ne cilla pas, ne lui fit pas répéter. Il se lava les mains dans l'évier de la cuisine avant de les mettre en coupe pour s'asperger le visage d'eau. Il ferma le robinet, épongea son visage humide avec son tee-shirt. Du placard, il sortit une bouteille de whisky et se servit un verre. Il vit alors qu'il tremblait. Ciro n'avait jamais pensé à avoir un enfant avec elle. Sans doute parce que aucun homme ne désirait plus être père que lui. Il but le verre d'une traite et aller trouver Laura. Il la serra dans ses bras, sanglota comme un gamin qui ne comprend pas l'émotion qui le submerge – qui pleure parce qu'il ne sait pas quoi faire d'autre.

Il fallait changer d'appartement. Ciro paniquait à cette idée parce que le peu d'argent qu'il gagnait lui suffisait à vivre, lui. Avoir quelqu'un sous sa responsabilité, c'était différent. Tout ce qu'il comprenait, c'était qu'il fallait quelque chose de plus grand, pour que le bébé ait une chambre. Elle lui dit qu'elle s'occupait de tout, qu'il n'avait pas à s'inquiéter et pouvait se concentrer sur son travail. Elle lui demanderait son avis le moment venu, c'est tout. Elle fit une sélection d'appartements à des prix abordables, tout en sachant que son père l'aiderait et qu'elle n'aurait pas à trop s'endetter auprès d'une banque. Elle les visita, sans lui. Elle trouva rapidement celui qui lui convenait. L'appartement se situait près de la Bastille. En y entrant, elle sut qu'elle aurait pu l'habiter vide, dès maintenant, en attendant qu'ils le meublent. Elle ne voulait pas l'imposer à Ciro. Alors elle lui en fit visiter deux autres, qu'elle n'aimait pas mais qui faisaient à peu près la même superficie. Une fois les visites terminées, elle lui demanda, parmi les trois, lequel il préférait. Il fut incapable de répondre, les trois lui semblaient bien. Elle crut au début qu'il avait compris son stratagème et voulait la pousser à assumer son choix, mais elle se rendit rapidement compte que non. Tout ce qu'il voulait, c'était une chambre pour le bébé.

Ils achetèrent l'appartement et Ciro donna tout l'argent qu'il avait amassé jusqu'ici – la symbolique de son geste toucha Laura. Il lui dit qu'il s'occuperait seul des travaux, alors qu'ils s'annonçaient conséquents. Il lui demanda tout ce qu'elle voulait et elle était heureuse de lui faire façonner, de ses mains, l'espace dans lequel ils vivraient tous les trois. Il prit sa tâche au sérieux et, un jour sur deux, il travaillait de nuit à l'aménagement de leur appartement. Elle passait à chaque fois avec un repas tout fait qu'ils avalaient, assis par terre. Ensuite, Ciro la raccompagnait à un taxi, avant de se remettre au travail. Si elle se sentait bien, lui avait peur pour son ventre et redoutait qu'elle se cogne contre quelque chose. Il lui laissait deux fois plus d'espace que nécessaire et refusa rapidement qu'elle vienne partager les repas avec lui sur le chantier, de peur que le bébé avale de la poussière.

Ciro refusa de se reposer et passa tout son temps libre à rénover l'appartement, parfois aidé par quelques-uns de ses collègues. Ils purent emménager avant l'accouchement de Laura, ce qui semblait délirant au moment de leur achat. Le résultat était magnifique, Ciro avait respecté les envies de sa compagne à la lettre. Il semblait plus content de lui avoir fait plaisir que de son propre travail, pourtant impeccable.

Ils n'attendaient plus que l'enfant. Ils avaient choisi de ne pas demander son sexe, pour ne pas prévoir, ne pas s'habituer, ne pas tracer de lignes à l'avance. Ciro avait aussi accepté par superstition. Tant que l'enfant n'était pas sorti du ventre de la mère, on ne devait pas savoir – c'était prétentieux d'affirmer le genre tant qu'on ne savait pas affirmer la vie.

*

Cecilia n'était pas encore morte. Elle n'aurait pas parié là-dessus, après le décès de son mari. Les jours s'étaient mis à se ressembler, pleins d'un ennui qui jumelait chaque instant au suivant – la vie était devenue survie et elle aurait perdu le combat rapidement si Ciro ne l'avait pas emmenée à Naples.

Elle le détestait toujours, peut-être un peu moins qu'avant car elle avait acquis la conviction qu'il était bon. Elle avait longtemps pensé qu'il dupait son mari et sa fille. Marcelo voulait un garçon. Un gamin qui ferait le même travail que lui. Il s'en était fait un, seul. Les hommes aimaient transmettre – « ils détruisent et apprennent aux autres hommes à détruire à leur tour », lui disait sa mère. Quant à sa Chiara, elle n'avait jamais compris son attirance pour Ciro. Cecilia ressentait l'intensité de son attachement lorsque sa fille prenait d'infinies précautions pour lui demander si, par le plus grand des hasards, elle avait des nouvelles de Ciro. Chiara ne serait sans doute jamais aussi bonne actrice que lorsqu'elle lui posait ces questions-là, d'un ton tellement détaché qu'on eût dit qu'elle se fichait, à l'avance, des réponses.

Tout cela restait un mystère pour Cecilia. Ciro était laid et Chiara avait honte de sa famille, au moins des hommes qui la composaient – aux antipodes du raffinement auquel elle aspirait depuis qu'elle était gosse. Mais Cecilia ne dormait pas dans leur chambre et soupçonnait que cette intimité-là avait scellé entre eux un pacte, dont ils ignoraient chacun l'existence mais qui les rappelait sans cesse à leurs devoirs, qui n'étaient les mêmes ni pour l'un ni pour l'autre. Deux êtres tenus par des engagements différents et inconscients. Cecilia se demandait souvent comment ils ne s'étaient pas étripés plus tôt, fatigués de se faire la guerre, décidés une bonne fois pour toutes à l'abandon et la défaite. Elle ne savait pas non plus en quelle langue ils communiquaient et de quoi ils avaient bien pu se parler pendant toutes ces années.

Au moins, Cecilia avait aimé sa fille dès le premier instant et encore davantage le jour où on lui avait imposé Ciro comme faux fils. Avant que les deux enfants qui vivaient sous son toit ne décident de fuir ensemble. Cecilia s'était réjouie de leur séparation qui marqua le début de la réussite fulgurante de

Chiara. « Débarrasse-toi de nous, de nous tous, et ça ira. » Cecilia était aussi surprise que les voisins du quartier d'avoir enfanté une pareille créature. Comme si son mari et elle avaient été choisis pour concevoir et élever une fille qui n'était pas d'eux, qui venait d'ailleurs. Une poitrine plate, deux seins généreux. Des hanches et des fesses osseuses, un galbe parfait, harmonieux. Le trait chez Cecilia était une courbe chez sa fille.

Maintenant, Cecilia était intimidée par Chiara. Elle avait peur de la déranger, peur qu'elle ne décrète que cette immigrée italienne n'était plus sa mère. N'était pas sa mère – ne l'avait jamais été – mais une usurpatrice, qui l'avait volée à sa vraie famille, arrachée à son destin pour se venger de ce que la vie avait d'injuste.

Cecilia se confondait en excuses à chaque fois qu'elle l'appelait, alors même que sa fille lui assurait qu'elle ne la dérangeait pas. Mais Chiara la faisait tenir, toute sa vie s'organisait autour de ces coups de téléphone, ou des rares fois où elles se voyaient pour déjeuner ensemble, souvent dans des restaurants chics où elle avait l'impression que le personnel et les clients observaient sévèrement son allure et ses manières.

Ciro l'avait sauvée. Maintenant, Cecilia ne vivait plus que pour sa fille et passait le reste du temps comme elle le pouvait. Elle rêvait d'avoir des petits-enfants et essayait de sonder Chiara à ce sujet, chaque fois qu'elle en avait l'occasion. Les gens du cinéma étaient occupés. Cecilia avait du temps libre, elle pourrait élever ses petits-enfants comme s'ils étaient les siens. Elle imaginait des jumeaux blonds, petit garçon et petite fille qu'elle ne pouvait pas avoir. Ce rêve la faisait tenir. Encore un peu plus longtemps…

Ciro était revenu en France. Cecilia le savait car il l'avait appelée. Il voulait la voir mais elle avait refusé, prétextant être occupée. Elle lui avait dit qu'elle le rappellerait lorsqu'elle aurait du temps. Ce qu'elle n'avait jamais fait. Elle savait qu'il n'insisterait pas, ce n'était pas son genre.

Quelques semaines après ce coup de téléphone, Cecilia se sentit vraiment fatiguée, pour la première fois depuis l'accident qui avait coûté la vie à Marcelo. Dans sa tête, elle se sentait bien. Mais c'était comme si une fenêtre s'était ouverte à l'intérieur, un petit trou qui laissait entrer de l'air et de la lumière. La sensation lui était étrangère mais elle fit avec, même si l'ouverture semblait s'agrandir de jour en jour et que le souffle dans ses entrailles passait du murmure à la brise. Puis, un matin, alors qu'elle buvait son café à la table de la cuisine, ça lui bouffa l'intérieur. Pas grand-chose, juste une bouchée, une seule, pour la goûter. Elle tomba de sa chaise, tordue par la douleur, et se recroquevilla sur le sol. Par terre, elle se pissa dessus et n'osa pas se relever, de peur que la bête ne morde encore. Contrainte par plus fort qu'elle, elle passa la matinée baignant dans sa propre urine, à sangloter.

Le lendemain, tout allait bien. Le surlendemain aussi. Alors, Cecilia se dit que ça passerait.

Il lui fallut attendre une quinzaine de jours pour que la crise recommence, aussi violente mais plus longue que la dernière fois. Cecilia se rendit chez son médecin et comprit que c'était grave lorsqu'il lui annonça qu'il ne pouvait se prononcer sans examens complémentaires. Elle valsa de spécialiste en spécialiste, le temps d'identifier la nature du mal qui la rongeait. Au bout d'un mois et demi, Cecilia hésita à décrocher son téléphone mais le fit quand même. Elle devait parler à sa fille. Elle composa le numéro. Elle laissa sonner jusqu'au bout. Personne ne décrocha. Chiara devait être occupée. Cecilia se dit qu'elle la rappellerait plus tard, ou demain. La vérité, c'est qu'elle aurait aimé parler à sa fille à ce moment-là et pas à un autre.

Au moins entendre sa voix, pour lui annoncer, après quelques banalités sur le temps et la vie :

– Chiara, c'est ta mère… Excuse-moi de te déranger… Je voulais juste te dire que j'étais malade. Voilà. Je vais mourir. Bientôt.

*

Le réveil indiquait 8 h 12 et Chiara quittait son amant pour retourner chez ses parents. Elle prit sa douche, se maquilla et appela un taxi qui arriva en bas de son immeuble dix minutes plus tard. Elle donna l'adresse du pavillon au chauffeur et s'enfonça dans la banquette arrière. Direction : banlieue sud. Ça roulait bien. Une demi-heure plus tard, le taxi s'engagea dans la rue où elle avait grandi. Elle dit au chauffeur de laisser tourner le moteur ; elle n'en avait pas pour longtemps.

Ça sentait le renfermé. Pas assez pour masquer l'odeur de la maison, qu'elle reconnaissait encore malgré toutes ces années. Elle ne comptait pas s'attarder. Elle n'était pas du genre à pleurer ses souvenirs – en tout cas elle aimait le croire. Posé à côté du téléphone, elle trouva un petit carnet à la couverture lavande. Elle l'ouvrit et trouva griffonné un *l*, minuscule, comme si sa mère avait voulu diminuer son importance. À côté, un numéro de téléphone. Ce qui surprenait le plus Chiara, c'était que sa mère l'avait noté – comme si elle pressentait qu'un jour elle aurait besoin de Ciro. Cecilia savait qu'il rappliquerait si elle le sifflait – il se sentait tellement redevable. Même traité comme un chien, il aurait fait n'importe quoi pour les femmes de Marcelo, la partie de la famille qui ne l'avait jamais vraiment accepté.

Le soir, de retour chez elle après un dîner dans un restaurant du coin avec son agent, Chiara s'installa dans le fauteuil en cuir blanc dont elle venait de faire l'acquisition. Elle sortit de son sac à main la feuille sur laquelle était inscrit le numéro de téléphone. Elle passa son doigt sur les aspérités du papier, fit jouer ses ongles criards sur les bosses, à l'endroit où elle l'avait déchiré pour le séparer de la reliure. Ciro et personne d'autre. Elle avait laissé toutes les personnes de son passé mourir sur le carnet couleur lavande, là-bas. Elle froissa le papier et jeta un coup d'œil autour d'elle. Un appartement trop grand pour une fille seule, une femme qui avait beaucoup d'amants mais allait souvent chez eux pour faire l'amour, ne voulant pas partager cette intimité qu'elle s'était juré d'acquérir enfant. Elle y était parvenue, la petite banlieusarde – aujourd'hui reine à Paris. Elle n'avait jamais douté. Ça la faisait quelquefois sourire, tout cet espace à ne partager qu'avec elle-même. Retourner dans le petit pavillon avait ressuscité ces pensées-là, la culpabilité de la réussite par rapport à tous ceux de son milieu qui humainement valaient mieux qu'elle mais qui n'auraient jamais sa chance. Chiara était une autre. Elle n'avait jamais su à quoi cela était dû, quelle combinaison cosmique avait décidé de son existence, l'avait propulsée de la banlieue de son enfance, qui pourrissait un peu plus année après année, à cet appartement en chêne.

Elle défroissa la feuille, prit le téléphone et composa le numéro. Elle sentit quelque chose taper dans sa gorge. Vite. Plus vite que ne se répétait la tonalité, écho vide au bout d'une ligne fantôme.

– Allô ?

Elle ne reconnut pas la voix. C'était une voix d'homme. Celle d'un homme inconnu qui ne balbutiait pas les mots comme le faisait Ciro, à jamais incertain quant à leur prononciation. Avait-il tellement changé ? Elle s'éclaircit la gorge avant de parler :

– Allô, Ciro ?

– Pardon ?

– Ciro ?

– Vous faites erreur, madame.

– Je ne suis pas chez Ciro Zaccariello ?

– Non, madame. On vient juste d'emménager. Vous devez avoir le numéro d'un ancien locataire.

Elle comprenait à présent pourquoi elle ne reconnaissait pas la voix.

– Excusez-moi, monsieur, pourriez-vous me donner le numéro du propriétaire ? C'est pour joindre mon frère, c'est très important.

L'homme au bout du fil se montra conciliant. Il lui donna le numéro et la salua poliment. Elle raccrocha et appela le propriétaire de l'appartement. Il lui dit qu'il n'avait jamais eu de locataire du nom de Zaccariello – l'avant-dernière personne à avoir occupé son bien était une femme. Chiara lui expliqua que ça devait être la compagne de son frère et lui demanda son numéro. Le propriétaire hésita mais finit par le lui donner, quand

Chiara lui expliqua que leur mère était gravement malade. Laura. Le prénom de la femme avec qui vivait vraisemblablement Ciro. Celle qui gémissait lorsqu'il la pénétrait. Chiara ressentit de la jalousie et de l'excitation, repensant à des moments si lointains qu'elle se demanda s'ils avaient un jour existé. Elle n'avait pas encore raccroché le combiné que déjà les fantasmes affluaient – captés par ce prénom de femme inconnue. Laura. Chiara se demandait si elle était italienne. Elle se demandait si elle était belle. Si elle faisait bien l'amour. Chiara l'appellerait demain. À sa voix, elle saurait.

*

Ciro ne savait plus trop quoi penser de son travail, maintenant qu'il allait devenir père. Si lui était toujours serein en hauteur, Laura, elle, lui demandait d'arrêter. Pas d'arrêter son travail, elle savait qu'il y était attaché et qu'il ne récupérerait nulle part ailleurs l'intensité physique dont il avait besoin pour rentrer apaisé le soir et trouver le sommeil. Laura voulait seulement qu'il descende, qu'il oublie les charpentes et se concentre sur des travaux de base. Qu'il se contente de bricoler et ce serait la plus heureuse des femmes. Ciro savait que si Laura avait peur pour lui d'ordinaire, la peur qu'il fasse un jeune orphelin était encore plus grande. Au début, il n'avait pas voulu l'entendre. Mais il savait que quand il verrait le gosse, ce serait différent. S'il commençait à douter, ne serait-ce qu'un peu, il arrêterait. Parce que avec ça dans un recoin de sa tête, il tomberait, un jour ou l'autre.

Ciro ramassa sa sacoche à outils et salua ses collègues avant de se diriger vers la bouche de métro la plus proche. En route, il songea à son beau-père, qui avait sous-entendu qu'il pourrait travailler pour lui, qu'il serait bien payé pour faire un travail tranquille dans un bureau. Ciro avait poliment refusé et lui avait expliqué qu'il était attaché à ce qu'il faisait. Son beau-père avait fait semblant de comprendre. Il avait au moins eu cette politesse-là – même s'il ne pensait pas à mal en lui faisant cette offre, Ciro trouva vexant qu'un autre homme, qu'il connaissait à peine, lui dise comment mener sa vie. Ciro ne ferait pas cette erreur avec son fils. Il ne le pousserait pas à faire le même métier que lui... Et si c'était une fille ? Il se surprenait constamment à penser masculin l'enfant qui viendrait, alors que ni lui ni sa femme n'avaient souhaité savoir.

En rentrant chez lui, Ciro croisa sa voisine, surprise de partager son palier et même son immeuble avec un ouvrier aux vêtements recouverts de poussière. Il la salua avant de rentrer chez lui et de fermer la porte.

Laura, en jogging – son ventre dépassant de son débardeur –, était allongée sur le canapé ; elle lisait un gros livre, en tendant la main pour saisir des fruits coupés dans une assiette posée à côté d'elle. Ciro laissa tomber son sac au sol.

– La voisine me regarde bizarrement à chaque fois...

Laura le coupa avant qu'il ne finisse sa plainte, en le regardant droit dans les yeux. Il connaissait cet air, cette façon qu'elle avait de désamorcer la paranoïa liée à sa condition, de supprimer ce travers de fausse victime sociale – lié à ses propres complexes – qu'il projetait dans le regard des autres.

Ciro embrassa son ventre avant de filer dans la salle de bains. Sous l'eau brûlante, il regarda la poussière quitter son corps et ses cheveux, emportée dans le vortex du siphon ; vidé après cette journée, il espérait que sa vie ressemblerait toujours à cela. Il sortit de la douche, une serviette autour de la taille. Il entendit le téléphone sonner dans le salon et se précipita pour ne pas que Laura ait à se déplacer. Trop tard, Laura venait de décrocher. Elle lui fit un sourire en le voyant se précipiter et leva la main pour lui expliquer qu'elle gérait parfaitement la situation. Il ouvrit le frigo et en sortit une bouteille d'eau glacée. Alors qu'il la portait à ses lèvres, Laura l'appela, la main contre le combiné du téléphone.

– C'est pour toi.

Ciro renonça à sa gorgée et lui demanda :

– Pour moi, c'est qui ?

Laura haussa les épaules. Il alla chercher le téléphone, sa bouteille d'eau à la main.

– Allô ?

– Allô, Ciro ?

La voix lui fit l'effet d'une décharge. Il quitta immédiatement le salon et s'isola dans ce qui devait devenir la chambre de l'enfant. Il n'arrivait toujours pas à parler.

– Ciro ? Ciro ? Tu es là ? C'est moi...

– Je sais, répondit-il enfin.

– Ça va ?

– Comment tu as eu ce numéro ?

Il y eut un blanc, le temps pour lui d'entendre sa faible respiration au bout du combiné.

– Ciro, je sais que ça ne te fait pas plaisir de m'entendre, mais c'est maman… Tu lui as laissé un numéro, j'ai appelé là-bas, ils m'ont dit que tu avais déménagé… Bref, maman est malade et aimerait te voir.

Lorsque Ciro entra à nouveau dans le salon, Laura le regarda, chancelant, faire tomber le téléphone en voulant le remettre sur son socle.

– Ça va ?

Il mit quelques secondes à répondre, d'une voix d'asthmatique.

– Oui… Oui.

Elle ne l'avait jamais vu aussi pâle.

– T'es sûr ?

– Oui.

– C'était qui ?

Ciro bafouilla.

– Un… un vieil ami…

– Qu'est-ce qu'il voulait ?

– Il avait une mauvaise nouvelle à m'annoncer.

– C'est grave.

– Non, ce n'est pas grave, ne t'inquiète pas.

– T'es vraiment sûr que ça va ?

– Oui, je te dis.

– Tu ne veux pas en parler, c'est ça ?

– Exactement.

Pour dissiper les soupçons, il s'assit à côté d'elle et l'embrassa. Elle posa sa tête sur ses genoux et ferma les yeux. Elle ne vit pas les siens, qui regardaient ailleurs. Il lui avait toujours caché la vérité sur son enfance. Pour elle, il avait été adopté par un couple qui n'avait jamais pu avoir d'enfant. Maintenant, ses parents adoptifs étaient morts et il était à nouveau orphelin, sans aucune autre famille que celle qu'il était en train de construire.

*

Ciro frappa à la porte avant d'entrer. Il reconnut à peine Cecilia, sac d'os sur un matelas bien trop grand pour elle, noyée dans des draps qui tiraient sur le gris. Il se tint sur le pas de la porte tandis qu'elle le regardait du coin de l'œil. Il avait honte. Des forces qu'il lui avait prises, de la vie qu'il lui avait enlevée, de la haine que son corps de mère avait fabriquée petit à petit, pendant toutes ces années. Maintenant qu'il s'apprêtait à devenir père, elle allait mourir. Lentement, Cecilia retira le tuyau de ses narines et lui fit signe d'approcher. Elle effleura son bras du bout des doigts et Ciro y sentit la fin. Il se pencha pour l'embrasser et elle laissa tomber ses lèvres sur sa joue, sans faire de bruit.

– Installe-toi, prends la chaise, lui dit-elle d'une voix éraillée.

Il tira la chaise jusqu'au lit. Il posa ses coudes sur ses cuisses. C'est à ce moment-là qu'il se rendit compte qu'il tremblait.

– Ça va ? s'entendit-il lui demander.

– Et toi, *Napoli* ? lui répondit-elle. Ça fait tellement longtemps que je n'ai pas parlé cette langue…

Il crut voir un sourire sur son visage mais il n'en était pas sûr.

– Pourquoi tu es revenu ?

Il haussa les épaules, comme s'il ne savait pas. Il ne voulait pas lui parler de sa vie, pas ici. Voyant qu'il ne répondait pas, elle poursuivit :

– Chiara t'a dit ce que j'avais ?

Il hocha la tête.

– Je n'ai jamais été très tendre avec toi. Je ne te demande pas grand-chose. Je veux juste te voir de temps en temps, si tu le veux bien. Je suis une vieille femme et ça m'apaise de voir des gens que je connais.

– Je viendrai, répondit-il.

Elle tourna la tête vers lui.

– En plus, tu me rappelles mon mari...

Une quinte de toux la coupa dans sa phrase. Elle se racla la gorge, fit signe à Ciro de lui tendre la boîte de mouchoirs posée sur la table de nuit. Elle cracha dans le morceau de cellulose et Ciro le lui prit des mains pour le jeter à la poubelle, comme on le ferait à une enfant. Quand il fut rassis, elle lui demanda :

– Et ta vie ? Tu es marié ?

– Non, pas encore...

Il hésita avant de poursuivre mais sentit qu'il ne pouvait pas le lui cacher, qu'il devait faire un effort.

– Mais j'ai une compagne et je vais être père.

Elle lui fit, cette fois, un sourire sincère.

– Quand ça ?

– Dans les jours qui viennent.

– Félicitations. Un garçon ou une fille ?

– On n'a pas voulu savoir, lui répondit-il. Ce sera la surprise.

– Si le bébé naît avant que je meure, tu pourras me l'amener ?

Ciro fut surpris par sa requête. Il pensait que tout ce qui venait de lui était maudit, pour Cecilia. Il lui promit que oui.

Lorsque Ciro sortit de la chambre, Chiara était là. Elle l'attendait dans le couloir. Plus belle que jamais. Comme toutes les fois où il l'avait vue. Elle portait un trench bleu nuit, ses cheveux étaient mouillés, trempés par la pluie qui les rendait plus foncés que d'habitude, plus noirs encore.

– Comment tu la trouves ? lui demanda Chiara.

– Ça va.

Ses yeux étaient embués de larmes.

– Elle va crever.

Elle regarda ailleurs, pour ne pas qu'il la voie. D'un revers de main, elle essuya ses paupières.

– Tu veux prendre un café ?

Dehors. La pluie venait de s'arrêter. L'eau dégoulinait encore des gouttières et l'odeur du bitume mouillé flottait dans l'air. Dans le ciel se trouvait seulement la promesse d'une prochaine averse, d'une fin du monde imminente. Ils restèrent un peu devant la porte de l'hôpital, sans savoir où se diriger, sans faire un pas, sans même prononcer un premier mot. Les corps mal à l'aise peinaient à s'approprier l'espace, peur de se placer, de se frôler, par mégarde, comme si chaque peau était chargée d'une électricité mortelle pour l'autre. Ciro aurait souhaité ne jamais les revoir – Chiara et Cecilia formaient une seule et même trace dégradée du passé et souillaient la pureté de son souvenir.

– Je ne connais pas le quartier, répondit Ciro.

Un aveu de faiblesse, une façon de faire croire qu'il ne voulait finalement pas boire ce café, enfin qu'il s'en foutait, qu'il leur laissait à tous deux une porte de sortie ; il pouvait la remettre, cette entrevue, à une autre fois, à jamais, seulement pour se rendre service et tuer le malaise dans lequel il baignait depuis qu'il était sorti de la chambre de Cecilia.

– J'habite pas loin..., commença Chiara.

Elle dut lire l'expression sur son visage. Ciro avait peur. Il ne voulait surtout pas aller chez elle, s'y retrouver seul. Pour une fois, le monde le protégeait. Elle comprit immédiatement.

– Laisse tomber. On n'a qu'à marcher, on trouvera bien un endroit, se reprit-elle, en faisant un pas vers la rue.

Il décida de la suivre. Sur le chemin, elle fouilla dans son sac et en sortit un paquet de cigarettes, qu'elle tendit à Ciro.

– Non merci.

Elle esquissa un léger sourire, déjà fané avant de faire effet.

– T'as pas commencé ?

Tous deux se firent des sourires gênés, ceux de gens qui s'étaient aimés et avaient peur de se revoir.

Il y avait du monde dans le café. Ils décidèrent de se mettre en terrasse, sous un paravent, à une table qui avait à peu près été préservée de la pluie. Ils essuyèrent le peu d'eau qu'il y avait sur les chaises et prirent place. Les accoudoirs en aluminium, encore humides, trempèrent leurs manches et Chiara les essuya, agacée, tandis que Ciro laissa, indifférent, le tissu s'imbiber.

– Alors comme ça, tu as déménagé... Ça fait longtemps que tu es revenu à Paris ? lui demanda-t-elle.

Elle paraissait maintenant fatiguée, un peu pâle. Épuisement des sens, pensa-t-il – à enchaîner les nuits blanches sans trop savoir pourquoi, la peau finissait toujours par nous trahir.

– Ça va bientôt faire trois ans, dit-il en hochant la tête, comme pour se convaincre lui-même d'une durée dont il n'était plus sûr.

– Et tu n'as jamais pensé à m'appeler ?

– Tu es trop occupée. Je ne voulais pas te déranger.

– Qu'est-ce qui te dit que je suis trop occupée ?

– Tu es célèbre, les gens célèbres n'ont pas le temps.

Elle ne lui dit pas combien il se trompait, ne lui raconta pas le degré d'ennui d'un quotidien où les autres s'occupent de tout pour vous, où il ne vous reste qu'à attendre que le téléphone sonne. De quoi elle aurait l'air, elle, la fille d'ouvrier, si elle se plaignait de choses pareilles ?

– Et toi alors ? Qu'est-ce que tu fais maintenant ?

– Toujours la même chose. Je ne sais faire que ça.

Et cela semblait toujours l'apaiser, comme lorsqu'il rentrait le soir dans le pavillon. Épuisé mais soulagé. C'était la seule chose. Ça n'avait pas changé.

– Moi aussi, je ne sais faire qu'une chose, lâcha-t-elle en soupirant.

– Et tu le fais bien ! Je t'ai même vue en couverture des magazines italiens. Les ouvriers sur le chantier s'arrachaient les pages…

– Ah bon ?

– Oui. J'avais envie de crier à tous que je te connaissais, mais ils ne m'auraient pas cru.

Le serveur passa, alors qu'ils riaient doucement. Ils commandèrent deux cafés. Chiara s'alluma une nouvelle cigarette. La flamme du briquet trembla, elle brûla un peu trop les premiers brins de tabac compacté dans la feuille blanche. Il ne restait déjà plus rien de leur échange d'avant.

– Comment elle est ? souffla-t-elle après la fumée.

– Qui ça ?

– Ta copine, ta femme, je ne sais même pas si vous êtes mariés. Celle que j'ai eue au téléphone quand je t'ai appelé l'autre soir.

– Elle est bien.

Elle comprit qu'il ne voulait pas en parler mais insista :

– Laura, c'est ça ?

Il rougit. Il ne savait pas qu'elle connaissait son prénom. Il ne lui demanda pas comment elle l'avait eu pour ne pas paraître gêné, mais se promit d'y réfléchir plus tard.

– Oui.

Chiara tira sur sa cigarette, profondément.

– C'est bien, je suis contente de voir que tu es heureux.

Ciro se sentit obligé de se justifier, d'expliquer la cause de son bonheur simple autrement que par l'amour qu'il éprouvait pour une femme qui n'était pas Chiara.

– Je suis un abruti de Napolitain. Je suis content de tout.

– Sauf que je t'ai toujours connu triste.

Elle avait raison. Elle ne l'avait jamais connu au travail. Si elle l'avait vu sur les chantiers, elle aurait peut-être découvert autre chose.

– J'étais jeune…

Elle pouffa, écrasa sa cigarette, s'acharnant sur le mégot, le pressant du bout de ses doigts laqués de rouge.

– Tu n'as jamais été jeune.

Jamais, pensa-t-il. Le serveur apporta les cafés. Il ne se remit pas à pleuvoir.

Ciro était incapable de partir. De quitter cette terrasse de café. De lui dire qu'il devait rejoindre sa femme enceinte. Ce fut Chiara qui se leva la première et annonça :

– Je dois y aller, je joue au Rond-Point, ce soir.

– Qu'est-ce que c'est ?

Elle lui sourit.

– Un théâtre.

– Ah...

– Viens me voir si tu veux.

Il ne savait pas comment dire non. Elle dut s'en apercevoir.

– Enfin, comme tu veux. Il reste une semaine de représentations. Je laisserai une place, à ton nom, tous les soirs. Comme ça, si le cœur t'en dit...

– Je ne sais pas trop. Le théâtre... La dernière fois, ça ne m'a pas trop réussi.

Ils rirent tous les deux. Encore une fois. Une de trop. Chiara s'avança pour lui faire la bise et lui dit :

– La première fois, à Naples, ça t'avait réussi. Au revoir, Ciro.

Ils s'embrassèrent et lorsqu'elle vint poser ses lèvres, de biais, sur sa joue, il crut sentir dans ses cheveux une odeur de cendre mouillée, celle d'un petit matin après la fin du monde.

*

Il avait fallu que sa mère tombe malade pour qu'elle le revoie. À vrai dire, Chiara ne pensait pas recroiser Ciro un jour. Elle avait fait une croix sur lui et elle pensait qu'elle tiendrait bon. Son orgueil lui fit promettre de ne plus jamais lui tendre la main. Elle avait été heureuse, des années auparavant, quand ils avaient vécu ensemble – mais sûrement plus à cause du théâtre et de la vie parisienne, qu'elle découvrait, que grâce à lui. Elle avait eu mal lorsque Ciro lui avait annoncé la rupture, même si elle avait déjà compris que sa vie était ailleurs. Elle essayait de lui ouvrir les yeux et pensait y parvenir. Avec les années, elle se disait qu'elle avait peut-être cherché à le dégoûter. C'était impossible de le faire changer. Elle avait dû se forcer à le croire, pour soigner son malheur. Il n'avait pas supporté de la voir jouer, il s'était retiré avant d'avoir mal. N'était-ce pas ce qu'elle espérait secrètement, sa fuite pour s'éviter de trop grandes souffrances futures ? Elle ne savait plus très bien.

Ses journées étaient devenues longues. Chiara devait dormir cinq à six heures par nuit. Une bonne moyenne pour un ouvrier, une simple sieste pour un artiste. Elle se levait aux aurores. Lorsqu'elle n'était pas en tournage, elle avait l'impression de ne rien faire. Ses plus grosses journées de travail se composaient de quelques rendez-vous dans des bars d'hôtels, entrecoupés de lectures de scripts. L'ennui faisait partie de cette vie qu'elle avait choisie. Tout mettait du temps à se concrétiser. Parfois, elle avait l'impression d'avoir troqué son succès contre sa vie de femme. Une grande réussite professionnelle, beaucoup d'amants. Elle s'était même mariée avec un grand peintre anglais sur un coup de tête… Un mariage qui avait duré quatorze mois, qui l'avait laissée sans enfants, sans envies, et avec un trop grand appartement. Peut-être que tout avait été partagé plus haut, entre le frère et la sœur. Ciro aurait la pauvreté, un travail harassant et le bonheur d'une famille. Chiara les paillettes, l'argent et la solitude. Ciro, fils qui deviendrait père. Chiara, stérile orpheline.

Chiara savait que Ciro aurait un jour des enfants, mais l'idée que ce soit sans elle – qu'il l'ait écartée du processus – la rendait folle. C'était peut-être ce qui l'avait fait le plus souffrir dans leur rupture. Bien sûr, elle n'aurait pas pu passer sa vie avec lui. Ce qu'elle voulait, c'était que Ciro ne fasse jamais d'enfant – parce qu'il n'aurait accepté d'être père qu'à une seule condition, celle d'aimer une autre femme qu'elle.

Maintenant, Chiara était jalouse d'elle. Laura. Elle ne la connaissait pas mais était capable de l'imaginer. Elle devait être douce. Ce que Chiara ne serait jamais. Elle voulait qu'il lui revienne. Elle l'avait vu heureux, au café, cachant toujours ses sourires, comme si la personne à qui il les offrait avait le pouvoir de tout détruire. À cet instant, elle avait voulu prendre la place de cette femme. Ciro n'en avait rien à foutre de son statut, de sa célébrité. Il était heureux avec ses petits moyens. Assise à côté de lui, Chiara avait eu peur. Elle semblait le laisser indifférent. On espère toujours que quelque chose en nous va s'ouvrir à nouveau, au moment de revoir des personnes qui nous ont été chères – elle le savait mieux que quiconque. Mais rien ne s'était passé. Chiara était attachée à des images, qui vieillissaient mieux dans sa tête que les êtres aimés ne le faisaient dans la vraie vie. Elle regrettait maintenant que Ciro soit revenu à Paris – il aurait dû rester en Italie pour ne pas la faire souffrir. Chiara le revoyait sortir de la chambre d'hôpital et s'interdisait de penser à un coup de pouce du destin. On ne faisait pas crever les gens pour que d'autres s'aiment. Quoique.

Chiara le désirait. Maintenant, elle aimait Ciro et demain ce serait pareil. Elle se lèverait avec la rage de ne pas le posséder. Elle l'aurait, pour elle seule. Après une semaine à coucher avec lui, Chiara changerait sûrement d'avis. Elle se connaissait suffisamment bien pour le savoir. Jusqu'ici, elle demeurait obnubilée par ce caprice d'adolescente, dont elle ne voulait pas prévoir la mort. Au café, Ciro avait fait référence au théâtre, preuve qu'il n'avait rien oublié. C'était un bon début. Il fallait maintenant qu'il vienne la voir jouer. Chiara n'insisterait pas, ne l'appellerait plus. Si le destin s'en était mêlé et qu'elle avait fait un pas vers lui, elle ne ferait pas tout le chemin.

Chiara voulait un homme, lorsqu'elle rentrait le soir chez elle. Un homme avec lequel elle n'aurait pas à discuter. Avec qui elle se sentirait aussi bien que si elle était seule. Elle n'en connaissait qu'un. Les années passées, Ciro et elle, collés malgré tout comme le sont les frères et sœurs du même âge qui se suivaient comme sortis de la même chaîne de production, faisaient d'eux des amants en tout point différents et pourtant inséparables. À l'époque, elle le tenait. Ciro aurait fait n'importe quoi pour elle. Il l'avait suivie partout, avait souffert lorsqu'elle s'abandonnait à d'autres, s'était souvent vengé, empêchant dans la mesure du possible sa colère de s'abattre sur elle. Il faisait payer aux autres ce qu'elle faisait subir à son père. Tour à tour victime et bourreau, au gré des saisons, sur un rythme qu'ils avaient fini par apprivoiser. Des reflets de lumière réfléchis dans un miroir. Voilà comment on en venait à blesser les mauvaises personnes. Ciro venait s'interposer dans un conflit qui le dépassait pour une cause qu'il avait faite sienne. Au-delà de ce qu'il estimait lui devoir, Chiara savait que Ciro vouait une admiration sans bornes à Marcelo. Le rôle de Ciro était le plus difficile. Elle, n'avait qu'à haïr les hommes. Lui devait aimer et obéir.

Ils avaient fait l'amour. Une première fois. Chiara lui avait donné ce truc, entre ses jambes et à l'intérieur d'elle. Peut-être parce qu'elle était nerveuse et qu'elle préférait commencer avec lui. Ciro l'avait suivie pendant des années et maladroitement protégée, à sa façon. Elle voulait que ça soit indolore. Elle devait lui rendre quelque chose. Mais quoi ? Ciro devait déjà penser qu'il n'était qu'un, après les autres. Il l'avait surprise dans une voiture mais ce n'était pas pareil – c'était un acte différent, un cadeau fait à un anonyme. Ciro ne pensait sans doute qu'à ça, après chaque orgasme – à l'humiliation et à l'excitation morbide qui en découle. C'était la seule raison qu'elle avait trouvée pour expliquer qu'il refuse tout contact après avoir joui. Même sur un lit étroit, il s'arrangeait pour que son bras n'effleure pas le sien et la moindre caresse, au moment de trouver le sommeil, le faisait frissonner.

Chiara n'avait qu'un moyen de savoir s'il avait changé.

*

En rentrant chez lui, Ciro retrouva Laura. Elle se plaignait de son énorme ventre. Ciro était ailleurs, resté là-bas – sans savoir si c'était à l'hôpital, au café ou loin dans son passé. Laura lui demanda ce qu'il avait fait de sa journée. Il lui répondit qu'il était allé régler des broutilles, sur différents chantiers. Il avait faim et commença à préparer à manger, pour éviter de lui parler. Il avait passé l'après-midi avec une autre femme, juste assez de temps pour retomber amoureux de son visage et de son corps. Assez pour se souvenir de ses lèvres gorgées de la lumière blanche d'avant l'orage, lorsqu'il les avait embrassées pour la première fois. Laura ne pouvait pas savoir tout ça, elle pensait à l'enfant qui viendrait, à la famille qu'ils formeraient.

Laura, écœurée, toucha à peine à son assiette. Elle alla se coucher de bonne heure, s'excusant de son état. Ciro l'accompagna jusqu'à la chambre. Il rabattit la couverture sur elle et l'embrassa, content de ne pas avoir à rendre de comptes ce soir. Ravi d'être enfin seul. Il prit une douche et alla s'installer devant la télé, une bière fraîche à la main. Incapable de se concentrer sur ce qu'il se passait à l'écran. Il ne pensait qu'à Chiara et à l'homme infâme qu'il était, lui qui attendait un enfant d'une autre femme. Il ne devait plus la revoir. Elle ne l'avait jamais rendu heureux, après tout. Il voulait s'en convaincre à tout prix. Alors il repensa à ses dernières vacances d'adolescent.

Ciro n'irait pas au théâtre voir Chiara triompher du monde et de lui-même. Il connaissait cette musique. Il ne l'entendrait plus jamais. Il irait voir Cecilia, une fois par semaine, et s'arrangerait pour y aller quand sa fille ne lui rendait pas visite. Il la croiserait peut-être, par hasard, et après il l'éviterait systématiquement. On avait remis cette femme sur sa route, lui qui était heureux depuis qu'il ne la voyait plus et avait rencontré Laura. C'était comme si, parce qu'elle était la première, Chiara avait à jamais le droit de le rappeler. Comme si elle seule pouvait l'affranchir, le laisser aller faire sa vie d'adulte, de père. L'autoriser à cesser d'être un enfant.

*

Depuis qu'elle avait quitté Ciro au café, Chiara avait tenu parole et laissé des billets pour lui, chaque soir. Elle avait demandé au guichetier, un jeune qui aurait tué pour avoir le droit à un sourire de plus, de venir immédiatement la prévenir en loge, avant que le spectacle commence, si jamais Ciro Zaccariello venait retirer sa place.

Samedi soir. La dernière. On venait de terminer son maquillage. Assise face à la glace, elle constata que les lignes de son visage bougeaient – se raffermissaient, fuyaient ou mouraient. Pour la première fois de sa vie, Chiara s'était trompée sur Ciro. Elle allait perdre la partie. Alors qu'elle pensait à sa défaite, on frappa deux coups légers à sa porte et elle sourit. C'était le jeune guichetier.

Ciro avait tenu cinq jours. Cinq jours à éviter sa femme et à travailler comme un forçat sur le chantier, pour essayer de faire sortir le poison de sa tête. Ce soir, il avait dit à Laura qu'il retrouvait des amis, qu'ensemble ils allaient boire un verre. Il ne savait pas trop ce qu'il allait chercher là-bas. Un signe pour se désenvoûter. Reprendre sa vie d'avant, celle de futur père de famille.

Il se trouvait au deuxième rang. Une place en or. Pour baver devant Chiara, se maudire de l'avoir laissée partir, s'écorcher vif pour chasser ses regrets. Elle connaissait son rôle par cœur. Le couple qu'ils formaient, souvent malgré eux, était marqué par cette fraternité factice, achetée à un employé de mairie. Les gens s'installaient encore. La lumière éclairait toute la salle. Le rideau était toujours baissé. Ciro pensa au moment où il allait s'ouvrir. En attendant, la machine à souvenirs laissait tomber une à une les graines du temps, et s'amusait, sadiquement, à maintenir les yeux de son seul spectateur grands ouverts.

*

À la fin de la pièce, Ciro attendit dans le hall du théâtre, immobile au milieu du flot de gens qui quittaient les lieux. Le guichetier, auprès duquel il avait retiré sa place, vint soudain lui taper sur l'épaule et l'informa que Chiara l'attendait dans sa loge.

Elle se démaquillait lorsqu'il entra, après avoir frappé. Elle le vit dans le miroir.

– Ça t'a plu ?

– C'était très bien.

Il resta sur le seuil, n'osant pas faire un pas, comme s'il savait qu'il allait regretter d'être venu.

– Je t'en prie. Ferme la porte et prends une chaise.

Il obéit à moitié, resta debout. Elle demeura silencieuse un instant, les yeux clos, le temps d'enlever le fard de ses paupières. Il la regardait dans la glace lorsqu'elle ouvrit les yeux.

– Tu pensais qu'en entrant ici tu me trouverais nue. En train de me déshabiller ?

– Quelque chose comme ça, répondit-il.

– Comme avant, dans ma chambre. Enfin, la nôtre.

Ciro ne savait plus quoi dire. Il ne savait plus ce qu'il faisait ici, dans cette loge. Il la regarda finir ce qu'elle avait commencé, prisonnier du miroir. Comme si cela ôtait de sa culpabilité à l'égard de Laura et de l'homme qu'il devrait être pour elle ; ne pas regarder une autre femme, simplement un bout de verre réfléchissant, ce n'est pas mal, n'est-ce pas ?

Une fois son visage purifié, Chiara quitta sa chaise, qu'elle repoussa contre le bureau. La robe crème qu'elle portait sur scène était tendue devant lui. Elle passa son bras dans son dos, et le bruit de la fermeture éclair qui descendait déclencha chez Ciro un court frisson à la base de sa nuque, qui remonta lentement jusqu'à ses tempes.

La robe glissa sur ses chevilles et Ciro contempla la silhouette interdite. Il ne voyait pas de différence avec celle de l'enfant. Comme s'il avait toujours connu ces formes. Comme si cette nudité, entrevue à des périodes différentes, était à chaque fois l'expression d'un même tout. Incapable de bouger, il regarda Chiara revêtir ses habits de ville ; la scène originelle se rejouait entre eux. Ils avaient renoncé depuis bien longtemps à la pudeur.

Ils dînèrent dans un restaurant chic dans lequel Chiara avait ses habitudes. Elle fit la bise au patron, qui tendit une main sévère à Ciro, surpris du choix médiocre de l'homme avec qui elle partageait sa table ce soir.

– C'est étrange de te voir, et en même temps pas tant que ça. J'ai l'impression que tu n'es jamais parti. Pourquoi es-tu revenu ?

– Pour une femme.

Il se rendit compte, trop tard, que cette phrase possédait un double sens tragique.

– Tu as de la chance, lui répondit-elle, un sourire narquois aux lèvres. Moi, j'ai essayé. Je me suis mariée, il y a deux ans. J'ai divorcé l'année dernière. Ce truc-là, c'est pas fait pour moi.

Pour moi non plus, pensa Ciro, c'était du moins ce qu'il s'était dit quand il l'avait quittée et était retourné vivre ailleurs, pour ne plus jamais entendre parler d'elle.

– Ciro, ce que je vais te dire va te sembler bizarre, mais… Je crois qu'on a raté quelque chose.

Il n'aurait jamais pensé qu'elle lui ferait un tel aveu un jour. Sans doute avait-elle la mémoire courte. Lui, non. C'est pour cela qu'il repensa à la fois où ils s'étaient séparés.

Après le restaurant, ils partagèrent un taxi. Ciro demanda au chauffeur que Chiara soit déposée en premier. Ils effectuèrent le trajet en silence, le peu de mots qu'ils avaient échangés pendant la soirée suffisait. Au moment de descendre, Chiara l'embrassa dans le cou et lui dit que demain soir, elle l'attendrait chez elle. Elle quitta le taxi. En claquant la portière, elle lut sur les lèvres de Ciro. « À demain ».

Une fois chez elle, Chiara se fit du thé. Sans souffler sur la tasse, elle laissa l'eau lui brûler le palais et la langue, savourant la chaleur entre ses mains. Elle l'avait retrouvé. Jamais elle ne l'aurait imaginé. Rien n'était plus improbable il y a quelques jours. Elle pensait qu'elle ne le reverrait jamais, qu'elle n'aurait plus besoin de lui, que sa nouvelle vie la comblerait. Elle pensait qu'elle ne l'aimait plus, elle qui avait mis dans son lit des hommes bien plus beaux, riches et parfois tendres. Elle pensait qu'il était devenu un étranger ou, pire, un frère qu'elle s'empresserait de chasser pour ne pas qu'il lui rappelle leur vie commune. Elle s'était trompée. C'était sa malédiction à elle. Elle avait échappé à son milieu mais n'aimait que les siens. Il ne semblait pas lui en vouloir de ne pas être venue à l'enterrement de son père. Peut-être avait-il décidé d'oublier le passé, de ne garder que les bons moments, de faire comme s'ils n'avaient jamais loupé leur chance ensemble ? Elle ferait la même chose. Sans ça, il ne leur restait rien, seulement de la rancœur et le sentiment d'un immense gâchis, celui d'avoir choisi de souffrir maintenant, plutôt que de remettre ça à plus tard. Il fallait oublier, oublier qu'ils ne s'étaient donné aucune chance, qu'ils avaient les mêmes parents. Ils ne pouvaient plus rien changer à ça, ils avaient le droit d'être en paix. Chiara savait que Ciro était prêt à ça, c'était lui, l'exilé, qui avait fait machine arrière. Pendant qu'elle connaissait un succès que personne n'aurait imaginé, lui était retourné dans sa ville d'enfance, dans son pays, pour mettre de la distance entre eux. Il était pourtant revenu, pour refaire sa vie ici. Elle savait qu'il n'était pas ici pour elle, mais pour une autre femme. Il ne pensait sans doute pas la revoir, elle non plus. Cecilia, qui avait pourtant tout fait pour qu'ils ne s'aiment pas, mourait pour qu'il en soit autrement, pour leur donner une seconde chance.

*

Au petit déjeuner, Ciro annonça à Laura qu'il fêtait ce soir l'anniversaire d'un collègue et que ça finirait sans doute tard. Il lui dit qu'il était désolé. Intérieurement, il l'était vraiment de devoir lui mentir une deuxième fois, d'aller voir une autre femme tandis qu'elle portait son fils. Laura lui répondit que ça ne posait pas de problème et fit comme si de rien était. Quand Ciro rentra du travail pour prendre une douche, il embrassa Laura sur la joue, avant de sortir rejoindre ses prétendus collègues. Elle sentit le parfum qu'elle lui avait offert pour Noël et qu'il ne mettait jamais, pas même pour elle. Laura se dit, pour la première fois, en regardant Ciro partir, qu'elle avait peut-être fait le mauvais choix.

Laura savait qu'il mentait. Elle l'avait trop étudié pour croire aux coïncidences. Il voyait une autre femme. Elle ne savait pas s'il avait déjà décidé, à ce moment-là, de son futur. Elle attendrait demain pour lui parler. Aujourd'hui, elle se sentait trop nauséeuse pour en rajouter avec ça. Bien sûr qu'elle avait peur, mais elle pensait que les dés étaient déjà jetés. On ne pouvait pas forcer une personne à vivre avec une autre. Elle ne voulait pas forcer Ciro. Elle aurait pu le garder en jouant la carte de la culpabilité, mais elle ne voulait pas partager une vie avec quelqu'un de malheureux, qui se réveillerait en se demandant ce qu'il faisait là. Elle l'aimait. Elle ne lui avait jamais posé trop de questions sur son enfance. Il lui avait dit qu'il était orphelin. Il avait quitté l'Italie par ses propres moyens et avait été recueilli par une famille d'ouvriers incapables d'avoir des enfants. Ils l'avaient élevé comme s'il était leur propre fils et étaient maintenant morts. Elle ne savait pas ce qui était vrai dans son histoire, ce qu'il avait inventé. Elle l'aimait pour ce qu'il était, pas pour le reste. Mais elle se sentait capable d'élever son enfant seule. Si Ciro n'était plus heureux, qu'il parte. Laura avait toujours pris sa défense. Face à ses parents, grands bourgeois qui pensaient qu'elle déraillait en sortant avec un type comme ça. Devant ses amies, qui ne comprenaient pas pourquoi elle gâchait sa vie avec lui. Elle avait laissé les gens parler puis leur avait expliqué, par petites touches. Laura avait réussi à faire accepter son choix, lentement, à force de dialogue. Elle aurait aimé écrire mais se sentait trop faible pour le faire. Ça la soulageait dans ces moments-là. Elle n'avait pas sorti de livre depuis sa rencontre avec Ciro. Ça l'apaisait de vivre avec quelqu'un qui faisait un métier complètement différent. Quelqu'un de simple, qui se foutait des lettres. Mais elle s'était arrêtée d'écrire et ce soir, ça la rendait malheureuse. Elle regretta d'avoir pensé que cet exercice n'était pas si important pour elle. À cet instant, elle espérait que la chose qu'elle portait à l'intérieur ne ressentait pas son état, qu'elle ne sache pas à quoi ressemblait parfois l'existence ; ce que c'était au fond d'être un homme ou une femme, de croire que ce qui n'a pas d'importance en a – cette ignoble ruse de l'esprit sans laquelle on crèverait tous, là, tout de suite.

Ciro décida de marcher pour se rendre jusque chez Chiara. Il avait eu peur en embrassant Laura, peur qu'elle ne découvre ce secret inscrit dans sa chair depuis que Marcelo l'avait hébergé, un soir, le temps d'une nuit qui en contenait tant d'autres.

Il estima son trajet à une quinzaine de minutes, s'il ne pressait pas son pas ; temps dont il disposait pour pouvoir réfléchir pleinement à la connerie qu'il allait faire. Il décida d'utiliser cet instant pour ne plus se mentir, ne plus se faire croire qu'il allait là-bas dans le seul but de boire un verre et de partager un dîner. Il n'avait jamais trompé personne. Jamais menti, jamais failli à sa parole. C'était ce qui le rendait heureux. Une vie simple, avec des gens proches, qu'il aimait et qui le respectaient. Les rares fois où il avait trahi cet idéal, il avait souffert. C'est pour ça qu'il était retourné vivre à Naples, seul. Pour ne pas devenir fou ou crever. Il allait changer, cracher sur son passé et brûler les enseignements d'une vie en une fois. Une seule.

*

Chiara venait de finir de se maquiller. Elle fit plusieurs baisers, en direction de la glace de sa salle de bains, pour achever d'étaler le rouge sur ses lèvres. Un grand verre de vin l'attendait sur le bar en acier, qui partait du mur et faisait face à la baie vitrée. Elle le prit et sortit sur la terrasse. Elle alluma une cigarette en regardant l'heure sur sa montre. Il était déjà en retard.

Ciro fit demi-tour. Il s'arrêta place de la République et rentra chez lui en courant. Lorsqu'il ouvrit la porte de son appartement, il trouva Laura, pâle comme la mort, le téléphone maintenu contre sa joue. Elle tremblait. Une flaque d'eau s'étendait à ses pieds.

Dans l'ambulance, l'infirmier dit à Ciro de ne pas s'inquiéter. Mais Ciro ne croyait personne. À l'hôpital, le médecin lui confirma que tout allait bien et lui demanda s'il voulait assister à l'accouchement. Ciro lui répondit qu'il lui faisait confiance et resta dans le couloir, à faire les cent pas. Il avait peur que l'enfant meure à cause de lui, à cause de ce qu'il avait voulu faire.

Chiara comprit qu'il ne viendrait pas. Cette fois, c'était la fin. Elle avait appelé chez lui mais personne ne répondait. Il n'était pas tombé dans le piège, il ne l'aimerait pas, elle ne l'aurait plus. Elle avait fini la bouteille de vin. Seule. Elle avait gobé quelques cachets. Un peu plus que d'habitude. On lui avait dit de faire attention. On lui avait proposé d'aller voir un psy. Toujours des conseils de gens dont elle se foutait éperdument. Elle avait des tendances destructrices. Elle s'était évanouie plusieurs fois ces derniers mois. Trop d'alcool et de médicaments. Ni des appels à l'aide, il ne l'aimait plus alors... ni des tentatives de suicide. Tout ce que Chiara tentait, elle le réussissait. Qu'est-ce qu'ils croyaient ? Ils n'avaient aucune idée de l'endroit où elle avait grandi. De l'école où elle était allée. Du degré d'ignorance de ses parents. Chiara avait tout fait seule, parfois aidée par un gamin difforme, aussi maladroit qu'aimanté à elle. Les seuls souvenirs de sa vie. C'est le problème quand on rêve et qu'on est déterminé. Elle s'était imaginé des centaines de fois son succès, alors qu'elle n'était qu'une enfant. Il ne reste plus rien quand les rêves deviennent réalité. Seulement le sentiment médiocre du devoir accompli. Un bien bas plaisir. Des orgasmes fades, mécaniques, donnés par des hommes interchangeables, quand ceux-ci n'étaient pas trop ivres pour bander. Les sexes sont les mêmes. Tous ont le même goût – la nature est la nature. Elle préférait l'odeur de Ciro, dans les petites pièces du pavillon, dans le jardin lorsque la nuit venait et qu'un voisin aurait pu les surprendre en sortant son chien. Elle était une femme accomplie maintenant. Vivait dans un grand appartement, échangé contre un placard sur les boulevards, où elle avait vécu avec l'homme qu'elle aimait. Tout ça, elle l'avait obtenu en oubliant d'enterrer son père, pour mieux coucher avec le succès. Chiara ne regrettait rien. Elle se sentait creuse. Il avait fallu que Ciro réapparaisse pour qu'elle se rende compte. Pour qu'elle invente des retrouvailles, qu'elle crée une rencontre. Elle venait d'échouer à le détourner d'une femme qui n'était pas elle. Sinon, il serait venu. S'il avait cherché une copie, il serait là à cet instant et elle sentirait son bras tremblant quand elle lui prendrait la main pour l'embrasser. Mais il avait trouvé la femme qu'il voulait. Chiara savait que Ciro n'était pas du genre à multiplier les relations, il préférait être seul qu'à deux. Cette femme l'apaisait. Voilà ce qu'elle n'avait jamais réussi à faire. Mais ce n'était pas sa faute si son corps l'avait trahie quand ils partageaient la même chambre, si enfant elle avait des seins de femme et que lui avait des yeux d'homme pour les voir. Elle-même n'avait pas réussi à effacer les regards. Elle aurait pu avoir n'importe quel homme. En choisir un, au hasard, dans ses soirées mondaines ou même dans la rue. Il n'y en avait qu'un qui pouvait lui résister, parce qu'il savait qu'elle le rendrait malheureux. C'était sans doute pour ça qu'elle le désirait encore plus, comme une adolescente qui faisait un caprice. Chiara ne se souvenait même plus à quoi elle avait pu croire avant. Elle avait ses parents pour elle seule. Elle savait que les enfants étaient jaloux de leurs frères et sœurs. Mais elle n'avait pas eu le temps de se préparer à la guerre, pendant que le ventre de sa mère grossissait. Ciro était apparu, déjà formé, crasseux, doué de parole et dénué de bonnes manières. Il avait menacé son père. Elle l'avait vu nu, sans défense. Elle lui avait appris à se laver, à pardonner quand il savait déjà haïr. Elle lui avait donné son corps, avait hanté ses nuits, avait fait tout ce qu'elle pouvait pour empêcher qu'il se détournât d'elle. Près de vingt ans plus tard, son échec lui riait au nez. Chiara était déjà fatiguée, portant les succès comme des cicatrices, vieille de tant de calculs pour réussir tout de suite, du premier coup. Elle avait rapidement décroché un rôle, des récompenses, et aujourd'hui elle était déjà une actrice accomplie. Cela avait sans doute été trop vite et toute la violence accumulée pour atteindre les sommets rapidement se retournait maintenant contre elle.

Chiara sortit une autre bouteille de vin du placard. Elle plongea la lame du tire-bouchon dans le liège.

Elle essaya de l'en retirer. Sans succès. Elle força sur la bouteille. Rien à faire. Elle la coinça entre ses cuisses, le froid du verre lui donna un frisson. Elle tira de toutes ses forces et sortit le bouchon, avec une telle violence que quelques gouttes de vin vinrent tacher sa robe grise. Une nuée rouge se dessinait de son nombril à son entrejambe, et Chiara gloussa en remplissant son verre. Elle tituba jusqu'au canapé, là où se trouvait son sac à main, et en sortit la plaquette de médicaments, déjà entamée. Elle pressa l'aluminium pour en sortir trois cachets, qu'elle fit passer avec de longues gorgées de vin qui déjouèrent la résistance de sa pomme d'Adam. À deux doigts de tout régurgiter, elle tint bon, et s'enfonça un peu plus dans le cuir de la banquette.

*

À l'hôpital, Ciro crut que Laura et l'enfant allaient mourir. Qu'il allait être puni pour sa trahison ; pour avoir lorgné du côté d'une autre femme quand il aurait dû soutenir la future mère de son enfant, qui souffrait dans sa chair pour qu'un type minable comme lui puisse un jour devenir père. Il pleura, la tête dans les mains. Contre lui, qui avait eu tout faux et qui ne comprenait pas tout ce que les autres faisaient pour LUI.

Il se croyait indépendant mais il ne l'était pas. Sans Marcelo, il serait mort dans la rue, de froid ou de faim, ou dans une rixe, pour rien. Cecilia avait accepté de le nourrir. Chiara lui avait permis d'aimer, de souffrir pour quelque chose qui en valait la peine. Laura donnait son amour et son ventre, portant pour deux l'espoir d'une famille. Et lui ne comptait que les souffrances et les absences, sans penser à ces gens-là, à leurs sacrifices, à leurs douleurs à eux, à leurs existences.

– Ça va, monsieur ?

Ciro releva les yeux et vit une jeune infirmière, qui lui tendait un gobelet en plastique.

– C'est du café, ça va vous faire du bien.

Il prit la tasse tendue et la remercia, avant de renifler et de s'essuyer le nez d'un revers de la main.

– Ne vous inquiétez pas, ça va bien se passer.

Ciro hocha la tête, honteux de se laisser aller à ce point devant une gamine qui semblait avoir à peine vingt ans. Elle partit, et il souffla sur le café avant d'en boire la première gorgée. Il était sucré. Des années qu'il ne sucrait plus le sien. Il ne devait pas craquer. Pas maintenant. Plus jamais.

Il sortit de l'hôpital, finit son café devant. La nuit était éclairée par les sirènes des ambulances et leur ronde incessante. Ciro se racla le nez et cracha dans le caniveau. Il sautilla sur ses jambes, pour se donner du courage. Sans conviction.

– Monsieur ?

Il se retourna sur la jeune infirmière. Qui souriait.

C'était une petite fille. Elle était sortie un peu avant minuit tandis que Ciro froissait dans ses doigts puissants un petit gobelet en plastique. Ciro prit sa fille, pleine de substance visqueuse, dans ses bras avant d'aller embrasser la maman, qui avait le visage encore mouillé par l'effort. Le bébé pleura, Ciro aussi.

À peu près au même moment, Chiara réunissait toutes ses forces pour se lever du canapé. Elle voulut vomir mais rien ne vint. Elle se traîna jusqu'à la baie vitrée, s'appuyant contre le verre pour ne pas tomber. Elle la fit coulisser, délicatement, comme pour ne pas réveiller quelqu'un. Une fois sur le balcon, elle enjamba la balustrade et se rendit compte qu'elle s'était débarrassée de sa peur de gamine. Le vide ne l'effrayait plus. Elle était devenue une vraie Zaccariello. Elle sauta pour se le prouver.

*

Ciro rendit visite à Cecilia. Il voulait lui annoncer la mort de sa fille mais la télé s'en était déjà chargée. Il pensait que Cecilia lui en voudrait. Pourtant, pour la première fois, elle lui ouvrit ses bras pour qu'il vienne l'embrasser. Ils pleurèrent sans rien dire. Au moment de partir, Ciro lui lâcha, sans savoir pourquoi :

– Au fait, je... je suis papa.

Il crut que Cecilia ne l'avait pas entendu – encore perdue dans ses pensées, loin, dans un petit pavillon de banlieue parisienne ou ailleurs, occupée à entendre le rire d'une autre. Il s'en voulut immédiatement d'avoir prononcé ces mots. Il lui annonçait la naissance de sa fille alors qu'elle venait de perdre la sienne. Mais Cecilia lui demanda, après quelques instants :

– C'est un garçon ?

– C'est une fille.

– Amène-la-moi, je veux la voir.

*

Il passa sa main sur le bois. Sa paume, puis le revers, appuya, chercha l'écharde minuscule qui viendrait se blottir sous sa peau en faisant à peine goutter le sang. Ciro fit jouer ses doigts sur d'autres écorces, d'autres couleurs... sur un chantier il aurait déjà choisi. Mais pas ici. L'employé le regardait, un sourire patient et obséquieux enfoncé sur le visage. Il lui détailla encore une fois le prix des cercueils. Ciro ne cessa de palper la matière, aimanté par celle-ci. Le pouvoir des vivants – acajou ou noyer, une boîte avec des poignées en or, cuivre, laiton. Ciro devait choisir pour sa sœur. Il ne restait que lui. Il avait décimé cette famille – il en était la malédiction, il avait sucé leurs forces jusqu'à la fin. Il avait brisé leur vie pour s'en construire une à lui.

Ciro enterra Chiara, anonyme au milieu du cimetière bondé. Ils étaient tous venus le saluer, la plupart ne savaient pas qu'elle avait un frère. Ciro aurait aimé être seul, creuser le trou et y descendre lui-même le cercueil. Chasser le monde. Sceller la pierre tombale et ramener une poignée de terre à Cecilia, qu'il mettrait dans un vase de sa chambre pour y planter des fleurs.

*

Ciro raconta tout à sa femme. Sur sa vie. Sur Marcelo, son père. Sur Cecilia, qui mourait à l'hôpital. Et Chiara… Laura fut surprise d'apprendre que sa sœur était une actrice célèbre. Il ne lui dit pas qu'ils s'étaient aimés, ce fut la seule chose qu'il garda pour lui, sans remords. Il présenta Chiara comme une sœur chérie, avec laquelle il s'était brouillé un temps, après la mort de leur père. À part ça, rien ne devait plus se mettre entre eux. Ciro voulait être aussi honnête qu'elle l'avait été, elle, en portant l'enfant. Il garda seulement Chiara pour lui, sa part d'ombre, une douce blessure qu'il pouvait rouvrir à sa guise.

Laura était heureuse qu'il se soit confié à elle, sans qu'elle n'ait rien demandé. Peu importe s'il ne lui avait pas dit toute la vérité, il lui en avait dit suffisamment. Elle lui avait toujours fait confiance. Ça lui donnait raison, elle ne s'était pas trompée sur son compte. À vrai dire, cela aurait été idiot de changer d'avis en route, de se méfier de lui après avoir accepté qu'il lui fasse un enfant.

L'accouchement s'était bien déroulé, chassant loin de Ciro toutes ses obsessions, ses superstitions, ses peurs de châtiments. Il se jura que dorénavant il essaierait de ne plus croire à ces choses-là et arrêterait de se considérer comme de la merde ; il avait un enfant qui finirait par voir, par comprendre tout ça. Sa fille était belle, elle ne lui ressemblait pas et c'était la meilleure chose qui pouvait lui arriver. Ciro était étonné du naturel avec lequel Laura l'avait accueillie. Il y avait toujours autant de douceur dans ses gestes et d'assurance dans ses yeux.

Ciro avait passé la semaine à courir, entre l'hôpital et le cimetière, ne rentrant chez lui que pour prendre une douche, au moment où les parents de Laura lui rendaient visite. Ceux-ci étaient ravis d'avoir une petite-fille ; les avertissements concernant le choix de leur fille semblaient lointains et ils félicitèrent, sincèrement, le papa.

Le jour où Ciro alla chercher sa femme et sa fille pour les ramener à la maison, il se considéra enfin comme père. À la joie et à la fierté, s'ajouta un sentiment nouveau, une grande vulnérabilité ; la peur de mourir, là, maintenant, d'être privé de ce bonheur simple qui pour lui signifiait tout. Il voyait que Laura ne ressentait rien d'angoissant – juste un amour qui était maintenant assez grand et autonome pour être partagé avec une autre personne, un petit être qui s'en nourrirait. Ciro était un peu inquiet même s'il essayait de le cacher. De retour chez eux, il prit l'habitude de poser son oreille près de la bouche de l'enfant lorsqu'il dormait pour être sûr qu'il respire dans son sommeil. Il se pensait fou, ça amusa Laura qui lui garantit que tous les parents du monde faisaient ça.

Ciro décida de reprendre le travail, mais au sol cette fois. Le danger et l'intensité physique lui manquaient. Mais il devait bien ce sacrifice à celles qui s'étaient invitées dans sa vie et avec lesquelles il la partageait désormais.

*

Ciro tenait la petite chose contre lui. Il avait appris à bouger lentement, à garder les mains ouvertes quand il la prenait. Il avait peur que sa force lui joue des tours, il avait peur de lui faire mal. Elle semblait bien l'aimer, c'était déjà ça. Assez sage, elle s'était laissé transporter jusqu'à l'hôpital alors qu'elle en était sortie récemment.

Ciro frappa à la porte – une voix à l'intérieur lui donna la permission d'entrer. Il obéit, avec sa fille dans les bras. La vieille dame allongée sur le lit lui fit signe d'approcher encore un peu plus. Ciro tendit son bébé à Cecilia pour qu'elle puisse l'inspecter.

– C'est ma petite-fille ? demanda-t-elle, sans chercher à essuyer les larmes qui coulaient sur ses joues.

Ciro hocha la tête.

– Qu'elle est belle ! Je peux l'avoir ?

La vieille dame fit des efforts surhumains pour parvenir à se redresser sur le lit, le dos contre le mur. Avec d'infinies précautions, Ciro déposa sa fille, qui ne cessait de regarder le plafond, au creux des bras de Cecilia. Elle commença à la bercer avant de se tourner vers Ciro.

– Comment s'est passé l'enterrement ?

– Elle a eu un bel hommage, c'était bondé.

Cecilia lui fit un sourire triste.

– Je remercie ma fille d'être devenue célèbre, ça m'aura au moins permis de voir ses funérailles à la télévision.

Ciro ne lui avoua pas à quel point cela avait été dur de la voir enterrée et honorée par des inconnus, des gens qui la connaissaient à peine et qui avaient multiplié les éloges à son égard tout au long de la cérémonie. Ce spectacle lui en avait donné la preuve ultime – malgré les apparences, Chiara était restée la personne la plus secrète de la famille.

– Ne sois pas triste. On ne peut plus rien faire. Pense à ta fille, à ta femme, à ta nouvelle vie.

Elle berça l'enfant qui se mit à babiller.

– Au fait, comment elle s'appelle ?

– Claire. Elle s'appelle Claire.

Elle posa sa main, paume ouverte sur le visage de l'enfant, et murmura pour elle-même :

– *Chiara Zaccariello. Santa Chiara.*

Elle lui sourit et le remercia. Ciro resta silencieux quelques secondes avant de lui dire :

– C'est à moi de vous remercier d'avoir toléré sous votre toit un étranger. D'avoir partagé chaque repas avec moi. D'avoir accepté que je porte le même nom de famille que vous. Et j'ai tout détruit. Vous devez me haïr.

Cecilia exigea une dernière chose de Ciro : elle voulait revoir sa petite-fille et rencontrer Laura.

Il obéit. Dans la petite chambre d'hôpital, ce qui restait de l'ancien clan et du nouveau fut réuni en un seul.

– Je voulais quand même rencontrer celle qui partage la vie de mon… de Ciro, annonça Cecilia.

Après les présentations, Cecilia dit à Ciro qu'elle voulait rester seule avec Laura. Ciro alla boire un café à la machine au bout du couloir, cherchant le sourire d'une infirmière qui lui en rappellerait une autre. Il ne savait pas ce que Cecilia était en train de confier à sa femme – si elle lui parlait du temps qu'il faisait, du dégoût que lui avait inspiré Ciro en venant s'immiscer dans leur intimité, ou si elle livrait simplement son expérience de femme mourante à une jeune mère.

*

Ce fut bien après le décès de Cecilia que Ciro comprit – en repensant à cette sœur qui l'avait élevé, en voyant sa fille grandir jour après jour, en chérissant sa femme et en travaillant dur pour leur donner ce qu'il pouvait de mieux. Il comprit qu'il avait réussi une chose, élargir la belle famille dont un homme simple lui avait fait cadeau.

RÉALISATION : NORD COMPO À VILLENEUVE-D'ASCQ
ACHEVÉ D'IMPRIMER SUR ROTO-PAGE
PAR L'IMPRIMERIE FLOCH À MAYENNE
DÉPÔT LÉGAL : OCTOBRE 2024. N° 155845 (105474)
IMPRIMÉ EN FRANCE